区块链国富论

论全球信用算法共识的未来财富

韩锋　贺敏　张秀彩　鲍松　著

**Blockchain
and the Wealth of Nations**

Future Wealth Based on
Global Credit Algorithm Consensus

机械工业出版社
CHINA MACHINE PRESS

作者从亚当·斯密的《国富论》和尤瓦尔·赫拉利的《人类简史》出发，论证了全球自由市场的运行要超越以货易货的原始阶段，就需要信用资源，而人类文明史的发展说明这样的信用资源是靠全球达成财富共识实现的，财富共识即超越具体商品的使用价值而达成的信用共识，这是智人认知革命的一部分。从贝壳、铜钱、白银、黄金，直到近代银行发行的纸币莫不如此，只不过具体的共识算法不同罢了。比特币利用密码学和区块链技术，在人类历史上开启了基于数字确权和分布式算法达成财富共识的新时代。作者进一步阐述了未来区块链数据财富时代的量子力学大数据实在观，以及评估财富共识的过程中图灵机逻辑门的使用。作者重点讨论了我国在未来区块链数据财富时代是否能像白银时代一样重回全球财富舞台的中央。

图书在版编目（CIP）数据

区块链国富论：论全球信用算法共识的未来财富 / 韩锋等著．—北京：机械工业出版社，2021.2（2022.1重印）

ISBN 978-7-111-67563-1

Ⅰ.①区… Ⅱ.①韩… Ⅲ.①区块链技术 Ⅳ.①F713.361.3

中国版本图书馆 CIP 数据核字（2021）第 029153 号

机械工业出版社（北京市百万庄大街22号　邮政编码100037）

策划编辑：坚喜斌　　责任编辑：坚喜斌　刘林澍
责任校对：梁　倩　　责任印制：孙　炜
北京联兴盛业印刷股份有限公司印刷
2022年1月第1版·第3次印刷
170mm×240mm·16.25 印张·1 插页·138 千字
标准书号：ISBN 978-7-111-67563-1
定价：69.00 元

电话服务　　　　　　　　　　　网络服务
客服电话：010-88361066　　　　机　工　官　网：www.cmpbook.com
　　　　　010-88379833　　　　机　工　官　博：weibo.com/cmp1952
　　　　　010-68326294　　　　金　　书　　网：www.golden-book.com
封底无防伪标均为盗版　　　　　机工教育服务网：www.cmpedu.com

推荐序

量子时代和数字经济 2.0

韩锋及其团队的新作《区块链国富论》即将付梓,同时英文版也将在美国出版,书名为《The Wealth of Quantum Era》,译成中文是"量子时代的财富"。对此相当欣慰,并愿意为中文版的《区块链国富论》做推荐序。

《区块链国富论》书名,将"区块链"和"国富"连接在一起,面临很大的挑战,因为需要回答为什么"区块链"可以导致和创造新的"国富"?对此,本书给出了这样的答案:数字经济和量子科学互动的新时代,就是创造新的数据财富共识的时代,"量子力学大数据实在观"将全面取代"牛顿力学小数据世界观",财富不再是物,至少不仅仅是物,而是成为信用资源演变的一种形态,支持和实现全球信用共识的就是区块链。所以,现在需要更新"财富"的传统观念,"财富的概念是否能跟上时代,将决定一个人的生存状况和社会地位,甚至决定一个国家民族的未来"。

作者引用了亚当·斯密、哈耶克和复杂经济学创始人布莱恩·阿瑟的观点。布莱恩·阿瑟的思想与亚当·斯密和哈耶克是相通的。纵观人类创造财富共识的整个历史，在大部分时间里，财富共识都是靠去中心化的自由市场达成的。只是布莱恩·阿瑟认识到，虽然市场经济的本质就是分工的持续延伸和扩大，以及交易的庞大、分散和随机，但是，市场最终可以成为计算的对象，一个计算体，一个非中心化的运算体系，"从这个角度来看，经济成为一系列事件中程序性地发展的系统，它变成了算法驱动的"。布莱恩·阿瑟虽然没有直接提及区块链，但是，区块链就是一种程序化的算法结构，可以为高度复杂的经济活动提供技术性信用基础。

在2008年之前，如果提出财富就是一种非中心化的"信用共识"，尽管人类经济史可以提供很多证明，但人们还是很难接受的。第一代互联网TCP/IP协议建立了数据大规模无障碍流通的基础结构，更为重要的则是私钥签名技术的突破，为解决数据的所有权问题奠定了底层技术基础。2008年比特币的诞生，证明了区块链支持的"信用共识"可以成为财富的基础，甚至直接成为财富。中本聪的历史地位"在于发现了一种以真正的去中心化模式发行的货币——也就是比特币，以及利用分布式的计算来达成财富共识"。"比特币树立了人类财富共识的一块新的里程碑。"进一步分析，比特币就是基于区块链的一种财富形态，满足了本书所提出的"财富共识"的如下基本条件：资产确权、全网记账信息公开、交易大规模化、符合全球极客价值观、锚定总量有限稀缺和全网挖矿算力、非中心化的分布式计算。

本书特别希望读者关注去中心化金融（DeFi）如何达成财富共识，即依靠分布式计算提供现在由银行体系提供的金融服务，达成新的财富共识，特别是"以太坊上的 DeFi 生态"。"这一波 DeFi 的兴起，让人们看到了区块链去中心化计算世界中，对应银行服务的各种功能应用开始如雨后春笋般地发展，正如英国工业革命后银行业为全球形成新的财富共识一样，这一次的舞台是全球数字经济。"本书还试图解读 Filecoin 现象，提出 Filecoin 很可能是未来建设新互联网（WEB 3.0）赛道上"去中心化存储的标杆"。

无论如何，作者提出的"数据资产化浪潮"概念，以及对"全球区块链财富共识的熊牛周期"分析，是有前瞻意义的。在作者看来，比特币从几美分涨到数万美金（2018 年），是一个财富共识的形成过程，人们最终习惯了期间熊市和牛市的周期性波动。"历史上形成黄金这样的财富共识几乎用了上千年，但比特币几乎十年就完成了，所以这是一个全新的财富共识时代。"

区块链国富论
论全球信用算法共识的未来财富

Ⅵ ○─●

《区块链国富论》的第 6 章集中讨论了什么是牛顿力学的实在观和量子力学的实在观。在作者看来,牛顿力学有其局限性。虽然它为工业革命奠定了基础,但如今人类继进入后工业化社会之后,迅速进入了信息社会,数字经济成为主要的经济形态,因此,牛顿力学的实在观必须为量子力学的实在观让路。因为量子力学的实在观,不仅仅是某种描述微观世界的理论,而且应该是未来我们理解整个宇宙的基础。何谓量子力学实在观?作者认为:量子力学的核心就是非定域整体性,代表现象是量子纠缠。

本书第 7 章第 1 节讨论的是"麦克斯韦妖元计算能够抑制复杂系统的熵增",所提出的问题尤其深刻,最有创意。一般认为,"麦克斯韦妖"假想实验,是对熵增原理的直接挑战。从表面上看,"麦克斯韦妖"在现实世界无法实现。但是,如果将"麦克斯韦妖"理解为一个典型的"计算"过程,熵减就可以实现。作者介绍了孙昌璞院士等人撰写的一篇论文《量子信息启发的量子统计和热力学若干问题研究》,提出"麦克斯韦妖"机制和兰道尔原理(Landauer's principle)就是一种普适的元计算机制,如果以太阳作为外源驱动耗散,可以克服量子非定域不确定性,达到熵减。也就是说,假定整个宇宙就是一台量子计算机,内中有太阳这样的确定能量驱动并同时耗散热量,就可以通过计算实现局域有序的低熵世界,其中最根本的计算机制则是来自

推荐序
量子时代和数字经济 2.0

"麦克斯韦妖"。

于是,作者如此推理:"比特币区块链的挖矿系统显然就是这样一个分布式麦克斯韦妖计算系统。每个矿工的矿机就是麦克斯韦妖,它们在为全网记账的同时,通过计算在天文数字般的随机数(二的上百次方)中找到那个正确解。虽然这种麦克斯韦妖的计算过程要耗散很多能量,但是计算出来的共识才能在全球支撑比特币的市值(不像银行只能相信一家中心化机构,全球共识很难算出来)。"

作者从量子力学的高度,重新诠释了"麦克斯韦妖",提供了一种从量子科学到区块链,再到"信用共识"的思路,甚至框架。按照这样的思路和框架,读者自然就能重新理解香农的信息熵概念,为什么越是不确定的信号码集含有越多的信息。解读香农需要引入维纳教授的看法,熵增原理实际上就是能量信息序降低等级的过程。

2019 年 11 月 30 日我在华南理工大学讲过:"量子时代是指量子科学和量子技术影响和改变其他科学和技术的时代。"韩锋后来说,他的"量子时代"的概念是受我启发。其实,在区块链和数字货币领域,韩锋是罕见的有清华大学量子物理学博士背景的人,在量子科学专业中浸濡多年,这无疑有助于他将量子科学和数字经济相结合。韩锋在本书中就量子时代的特征如是阐述：量子时代的基本特征就是有了量子整体实在观，相应地就必须借助大数据描述这个世界，大数据同时层展了经济社会中原来被原子世界观忽略的所谓"看不见"的关系关联、创意理念、社群愿景、未来价值等，通过区块链和加密确权等技术，它们将变成未来量子时代的财富。得益于量子技术和区块链的发展，数字产权模糊的数字经济 1.0 将急速升级为数据产权明确的数字经济 2.0，这是大势所趋。韩锋在后记中补充介绍了和抚州市政府合作的信用预言机的情况，祝愿他在数字经济 2.0 的实践中打开新的局面。

最后，在量子科学和量子技术的演变背后，依然是哲学问题，是所谓的"决定论"，还是"非决定论"。韩锋认为：爱因斯坦和玻尔关于"上帝是否扔骰子"的争论其实殊途同归。爱因斯坦在 1933 年牛津大学的演讲中明确提出，量子存在的本质是"非定域性"，其实非定域存在的整体是"决定论"的，就像波函数作为量子的整体性描述是由薛定谔方程"决定的"（这一点和牛顿力学方程能决定原子运行轨道并无本质区别），但我们对波函数进行测量时，是定域的，得到的是大数据统计分布结果，这是随机的，是"非决定论"的。

我本人想说的是：没有人预测到在 21 世纪的头一个二十年，量子科学和技术的发展曲线将与区块链、加密数字货币、DeFi 的发展曲线呈现出交集。但是,这一切实实在在地发生了,它们确实在改变人们传统的财富观念,改造财富结构,重塑财富形态。

朱嘉明

2021 年 2 月 16 日于珠海横琴

自 序

按照惯例，一本新书的出版，都会邀请一个业界专业知名人士作序。我本来也是这个想法，曾经计划邀请美联储前主席格林斯潘先生或者阿里巴巴副总裁高红冰先生，或朱嘉明教授作序，在本书的创作过程中他们都提供了很大的推动。但后来思来想去，我还是决定自己来写，因为确实只有我自己最清楚本书整个思想的形成过程，希望利用自序能对此有个系统的交代。

我在很多文章里介绍过，自己关于区块链分布式计算系统的认知是建立在量子力学的基础上的。通过跟清华大学的导师张礼先生将近三十年断断续续但系统的学习，我终于理解了关于世界整体关联的量子力学实在观。随着学习和研究的不断深入，我认识到这样一种实在观是普适的，绝对不只是在描述微观的世界，已经有不少理论和实验证明量子纠缠和熵最大原理有关（本书第6章），并适用于任何尺度的复杂系统（从量子分数霍尔效应到深度神经网络，甚至金融市场）。其中，麦克斯韦妖的元计算机制发挥了非常关键的作用。我2014年终于证明，比特币的全网挖矿是一个典型的麦克斯韦妖分布式计算系统，与一个中心化的系统比，低熵的共识计算过程要高效得多（参见本书第 7 章）。

正是在这种背景下，我在 2013 年受清华大学校友邓迪的影响进入比特币社区，成为一个布道者。我多次从量子力学的实在观出发，介绍比特币的分布式计算机制和区块链概念，出人意料地很受欢迎，前后累计受邀在一百多所高校演讲。因此，2016 年我和西南财经大学的张晓玫教授一起编写了《区块链：量子财富观》一书。

我的"量子财富观"深受阿里巴巴副总裁、阿里研究院院长高红冰先生影响。2016 年年初，我受高红冰先生邀请，到阿里研究院和高红冰先生就区块链交流探讨了一个上午。作为中国互联网发展元老级人物的高红冰，以宏观的视角首先描述了整个互联网全球发展的历程，最后聚焦到"大数据"概念。他认为阿里巴巴已经不单纯是一个 IT 公司（以信息技术创新为基础的企业），而是发展成了一家 DT 公司（专注于大数据技术和积累）。大数据已经成为人类未来感知和管理世界的核心，尤其是建立金融"信用"的基础。这和我了解的量子力学实在观完全吻合，因为量子的世界是一个整体关联的世界。早于互联网一百多年，量子力学就已经使用了大数据统计，描述量子存在的波函数模的平方就直接正比于大数据的统计概率。这和牛顿力学的小数据描述是有本质区别的（只需要确定初始位置和速度，就能通过动力学方程确定一个原子的轨道）。当时高红冰先生有一句话很经典，我一直记忆犹新："以钢筋水泥为标志的银行信用大厦，正在被以数据为土壤的区块链信用所取代。"○我因此领悟到，一个新的数据财富共识正在诞生，基于量子力学的大数据实在观，决定未来信用的产生，这对于本书思想框架的形成发挥了指南针般的导航作用。

2016年年中，我又很幸运地和阿里研究院专家委员会委员、社科院金融所研究员周子衡一起去新加坡讲学。旅途中，周子衡系统地和我交流了他关于数字经济的理论。他的核心思想是：距今三百年前，在英国发生了"生产大爆炸"的工业革命，而今天，中国的互联网经济促成了"交易大爆炸"，这两者间的逻辑传承关系，很少有人真正关注研究。这一历史演进的最重要的结果是：社会经济从过去的以银行的企业账户为核心运行，转变为如今以互联网上的个人账户为中心运行。根据我当时对区块链技术的了解，很容易想象该转变的意义：个人数据在个人账户确权私有化并能成为个人信用财富的时代不远了，而比特币只不过是第一个通过私钥签名实现了私有化的数字财富共识

○ 斯万.区块链新经济蓝图及导读[M]韩锋，等译.北京：新星出版社，2015.

罢了。后来周子衡把他的思想系统性地写入了《账户》这本书，该书获得了《亚洲周刊》评选的2017年十大优秀图书之一。后来我又读到央行金融研究所首席经济学家邹平座的一篇文章，结合央行发行的法定数字货币（DCEP）将这一观点又推向了一个更高的境界，对于我的写作既雪中送炭又锦上添花（参见本书第4章）。

从2014年起，我受清华大学顾学雍教授邀请，数次参与主讲了清华大学的学分课程《超越学科的认知》，我主要讲解量子力学实在观的认知和区块链。在这个过程中，我和顾学雍教授反复探讨了量子力学的实在观和麦克斯韦妖元计算的意义，这让我对于计算思维有了逐渐深入的了解。特别是2016年，顾学雍教授邀请了哈佛大学医学院的彭仲康教授来交流，彭教授介绍了他们的最新研究成果——心电信号的熵在不同标度变换下能够收敛。我详细地学习研究了他们的论文，惊喜地发现这种现象和量子场论中的重整化群标度不变性完全类似。这开启了顾学雍教授和我一起利用麦克斯韦妖的分布式计算研究复杂系统特别是金融市场的大门（最新成果参见本书第7章）。

2017年，我在清华大学计算机系徐恪教授邀请下，参与主讲了清华大学研究生课程《赛博智能经济与区块链》。这让我终于有机会系统地梳理了量子力学实在观与区块链数据财富之间的关系，以及用计算思维研究智能合约在数字经济中应用的意义。我在本次课程中使用的讲义，成了本书内容最早的雏形。

后来我于2018年到美国哥伦比亚大学做访问学者期间，在一财全球前美国总监冯郁青女士的协助下，促成了我与摩根大通首席经济学家吉姆·格拉斯曼（Jim Glassman）和美联储前主席格林斯潘等华尔街知名人士的对话交流学习。我通过这样一次极其宝贵的机会近距离观察研究了华尔街金融市场。美国自立国以来，建立了一套相对完备的法律监管体系和独立的舆论监督体系，加之之后从荷兰传承过来的极高的金融投机热情和传统，形成了发达的银行信贷体系，近代又有以硅谷为代表的大规模创新产业支撑，这些都让美国成为现代全球市场的主要财富共识，成为真正的金融帝国，这就是美国强大的核心之一。

更幸运的是，我在纽约认真阅读了尤瓦尔·赫拉利的著作《人类简史》的英文原版。该书给了我极其宝贵的启示：人类在农业革命和科学革命之前，还发生了"认知革命"，这正是智人（Sapiens）后来能够一统全球的主要原因。所谓"认知革命"，就是智人从具体可见的事物中抽象出超现实的概念，如狮身人面图腾、神话偶像、文化、宗教、共识等。由于认知革命的发生，智人的组织协同规模突破了一百五十人的"邓巴数"上限，从而横扫了当时地球上的其他古人类族群，智人的基因在现代人类的基因图谱中因此占据了绝对的优势。我终于顿悟：所谓"财富"的概念，不过是人类认知革命的一部分，是超越具体商品的使用价值而抽象出来的，为全球自由市场发展所急需的信用共识。从中国古代出土的贝币，到后来的铜钱，再到全球银本位、金本位时代，直到现代银行发行纸币，本质都是如此，只不过自由市场的算法不同罢了。朱嘉明老师在《中国货币经济两千年》中对此进行了系统的梳理，我从中学习受益良多（参见本书第1章和第3章）。

财富的概念能否跟上时代，将决定一个人的生存状况和社会地位，甚至一个国家乃至一个民族的未来。这方面日裔美国人罗伯特·清琦的那本《富爸爸，穷爸爸》讲得通俗易懂而且深刻，基本讲透了美国何以掌控当今全球主要财富的秘密。

中国的改革开放，是在市场上商品极度稀缺的情况下开始的。我做学生的时候广播里经常放的一句话就是："如今中国的主要矛盾是人民日益增长的物质文化需要同落后的社会生产之间的矛盾。"所以，在中国很自然地形成了"只有商品是财富，只有实物资源是财富"的根深蒂固的观念。甚至一些金融学术机构的专业人士都认为：证券资本市场是击鼓传花的游戏，只能产生泡沫，需严加管控。改革开放四十年来，最大的财富共识在房地产市场达成（价值约65万亿美元）。一些有识之士，如耶鲁大学的陈志武教授、厦门大学的赵燕菁教授、北京大学的唐涯教授等，都指出房地产是中国市场经济发展的重要推动力，更是互联网经济繁荣的财富润滑剂，这还算符合罗伯特·清琦的"富爸爸"逻辑。不过，国内的房地产永远不能让中国执全球财富共识之牛耳，这一点，日本和中国香港地区的发展历史已经给出了明证。

中国现在已不光能为自己生产充足的商品，更是世界上首屈一指的生产大国。但人们越来越发现，过量的生产并不能带来真正的"财富"，更多的是产生了"过剩产能"。如果现在大街上还有大喇叭，笔者觉得应该播放的口号是："现在中国的主要矛盾是市场上的大量商品和人民群众手中相对贫乏的财富之间的矛盾。"中国人和美国人的平均收入水平差距是巨大的，据笔者观察，这不可能是因为中国人比美国人懒惰，甚至不能说中国人的平均技术水平比美国人的要低（至少数学水平不低）。笔者认为，真正的原因是：中国还远未跻身全球财富共识舞台的中央。中国现在为全球生产了主要商品，但美国仍然掌握着全球主要的财富共识，不改变这个现状，中国就无法在中美竞争中真正获得优势。

历史上,加州发现了大金矿,助推了美国经济的腾飞,最终超越了大英帝国。在数字经济和未来区块链时代,中国是否能发现自己的"大金矿"?这就是本书想要讨论的主题。

最后感谢程豪、王丽、张天艺在本书最后的编写阶段付出的辛勤努力,以及我的画家朋友杨格为本书绘制了大部分插图。感谢时艳强、程杰和方圆对本书的校对编辑工作,并提出宝贵意见。

韩　锋

2021 年 1 月 3 日

目 录

推荐序　量子时代和数字经济2.0
自　序

第1章　财富的本质 / 001

两种财富观 / 003

财富概念的需要和产生 / 005

财富即信用资源的形式演变 / 011

正确的财富观 / 030

第2章　财富共识产生的七大原则 / 037

第一原则：财产私有原则 / 039

第二原则：价值锚定原则 / 045

第三原则：大规模交易原则 / 056

第四原则：科学和技术推进原则 / 060

第五原则：信息充分交流原则 / 070

第六原则：分布式计算原则 / 077

第七原则：适应政府监管原则 / 079

目 录

XIX

第 3 章　中华文明与财富共识 / 081
　　中国古代市场经济的繁荣和财富共识 / 084
　　为什么近代中国在全球财富共识中被边缘化 / 093
　　从财富共识上看龙的尾巴为什么那么长 / 096

第 4 章　从数字经济到加密数字货币 / 099
　　数字经济交易大爆炸与创造新财富共识的前景 / 101
　　达成以个人数据和账户为基础的财富共识是未来趋势 / 106
　　中美发行加密数字货币，推动新的财富共识产生 / 113

第 5 章　区块链财富共识简史 / 119
　　比特币——区块链财富共识的宁馨儿 / 121
　　中国在数字财富时代可能重新成为主角 / 132
　　去中心化金融达成财富共识 / 136
　　数据资产化浪潮 / 144
　　全球区块链财富共识的熊牛周期 / 147

第 6 章　从牛顿力学的实在观到量子力学的实在观 / 149
　　一个在清华大学形成的新的实在观 / 152
　　牛顿力学的实在观 / 156

量子力学带来了对世界全新的认知 / 159
东方神秘主义整体观的启示 / 167
量子纠缠之谜 / 176
量子实在观、纠缠和熵最大原理 / 186
量子实在观与未来 / 194

第 7 章　从分布式计算思维看财富共识的达成和计算 / 197
麦克斯韦妖元计算能够抑制复杂系统的熵增 / 198
比特币区块链类型的分布式计算的优势 / 205
金融领域量子实在观的层展和财富共识算法 / 211
金融市场中的财富共识怎样计算 / 219

后记　数字经济 2.0 的黎明 / 229

跋　量子时代和数字经济 2.0 / 234

区块链国富论
论全球信用
算法共识的
未来财富

第 1 章　财富的本质

区块链数据财富时代，究竟能给我们带来什么？有人说能推动平台经济，有人说能帮助市场进一步去中心化，有人说能帮助政府更好地管控社会经济，有人说能帮助"价值"更好地通过网络传递，等等。我认为，这些说法都沾边，但都没有触及核心问题。通过我七年来在区块链社区的实践、三年来参与清华大学相关课程，以及哥伦比亚大学做访问学者时期的研究和思考，我确信，要准确回答以上问题，需对财富的概念有一个系统的梳理。

通过很长一段时间的观察，我发现很多人对财富有着很深的误解。这是由于他们对财富缺乏本质的认识，所以，当他们谈论财富时，无论褒贬，观点都稍显偏激，而且基本与事实不符。

我们经常会听到这样一种观点，如果你很想获得财富，那你就是贪婪的，甚至有人认为这对社会发展不利。还有一些人以为物产和资源就是财富本身，所以他们专门以占有这些东西为人生的第一目标。其实，真正为财富共识而奋斗的人，往往会对全球市场流通做出很大的贡献，仅仅占有资源却不参与交易流通的人并不算拥有财富。如上所述的种种现象，其实都是大家对财富的本质缺乏科学认知所造成的。

两种财富观

首先,我们需要定义一下什么是财富。普通人眼中的财富一般指的是金钱、黄金、奢侈品、房子、豪车、股票等,这是狭义的财富概念。而广义的财富概念还包括宝贵的经验,不凡的人生经历,或值得珍视的友谊、情感与思想等。文学作品里往往把这些称为"人生的财富"。在过去,传统金融人士往往对这种说法付之一笑,而现在我们所说的财富就是更广义的财富:一种是物质上的,代表满足生产生活所需的各种具体的物品;另一种是精神上的,如感情、经历、回忆、关系等。过去,精神类的财富显然是无法出现在反映狭义财富状况的资产负债表上的。但是,如果我们有了一种更加科学的量子力学世界观,又有大数据、区块链等技术做支撑,这些都应该算作财富(参见本书第6章、第7章)。我们将看到,数字经济和区块链革命的核心意义在于,它们推动形成了新的财富观和财富共识。

因此，在数字经济和区块链时代，我们需要有一个统一的财富定义。为了达到这个目的，我们首先探讨一下人类文明为什么产生了"财富"的概念。

财富概念的需要和产生

财富概念的产生是整个人类文明发展的需要。社会分工产生了交易的需要,这在某种程度上也是人类与动物的本质区别之一。动物是没有一般意义上的交易行为的,我们不大可能看到这群狮子猎到斑马,那群狮子猎到长颈鹿,然后它们之间进行交易。哪怕是最接近人类的灵长类动物,我们也几乎看不到它们间有交易行为,只是可能偶尔发生馈赠。

人类社会文明的许多现象,如文字的出现、城市和国家的建立,都是在大规模社会分工出现后产生的,而要推动人类社会不断向更精细的分工迈进,则需要依赖自由市场机制的大规模交易。我们甚至可以说,没有大规模交易,人类文明就无法建构起来。首先指明这一点的是亚当·斯密的《国富论》。据了解,亚当·斯密是史上第一个阐明了交易和人类文明关系的人。即:在自由市场中,只有人类大规模进行互通有无、等价交换等交易行为,让"看不见的手"发挥作用,社会才能繁荣，国家才会富强。

这一观点后来得到了诺贝尔经济学奖获得者哈耶克更加深入的解释："为了理解我们的文明，我们必须明白，这种扩展秩序（哈耶克这里的扩展秩序是指：不由任何强权控制的，多方按照市场交易准则协作形成的良序）并不是人类的设计或意图造成的结果，而是一个自发的产物。它是从无意间遵守某些传统的，主要是从道德方面的做法中产生的，其中许多做法人们并不喜欢，因为人们通常不理解它的含义，也不能证明它的正确性，但是透过恰好遵循了这些做法的群体中的一个进化选择过程——人口和财富的相对增加，它们相当迅速地传播开来。""亚当·斯密首先领悟到，我们碰巧找到了一些使人类的经济合作井然有序的方法，它处在我们的知识和理解的范围之外。这就是'看不见的手'，是一种看不见的，或难以全部掌握的模式。"

请注意，在亚当·斯密的《国富论》之前，不管东方还是西方，没有人将人类社会为什么会幸福、为什么会富足的理论架构在自由市场、自由贸易的基础之上。过去，人类把自己的财富和幸福寄托于天上的神或是世间的好皇帝、好政府。我们后面将分析，根据量子力学实在观，这个世界是按照分布式计算机制演化的，并且所有复杂系统的低熵秩序都是分布式计算的结果。亚当·斯密的自由市场体系也是典型的分布式计算系统,因为它执行的基本协议非常简单,就是"互通有无、等价交换",计算的结果是人类社会分工的不断精细化。"看不见的手"就是市场在按照这个基础协议不断交易(每一次交易也可以看成一次计算,后来清华大学的顾学雍教授和我合写过一篇论文,论证金融市场的交易机制通过麦克斯韦妖的概念等价于图灵计算机)。自由交易是这个市场的根本,只要交易(运算)不断进行,按照亚当·斯密《国富论》的推演,人类社会的产品、投资、学术、技术、生活品质,甚至道德水准、创新能力等就会不断得到优化。

复杂经济学的鼻祖布莱恩·阿瑟也说:"我们可以说,(自由市场)经济是一个持续不断的计算体,是一个庞大、分散、大规模并行、随机的计算体。从这种角度来看,经济成为一系列事件中程序性地发展的系统,它是由算法驱动的。"⊖

我根据自己在改革开放四十年中的亲身经历,结合 2018 年以来对美国的近距离观察(我相信那是中国自由市场未来发展可能会看到的

⊖ Arthur. Complexity and The Economy[M]. Oxford:Oxford University press,2015.

成果），相信亚当·斯密说的是对的。○

交易和分工，是先有鸡还是先有蛋的关系。当然，人类社会有分工，才有交易的需求，但亚当·斯密最大的贡献在于论证了：只有大量的交易才能把人类的分工以及文明推向更高级的阶段。

比如，通过大量的交易，物美价廉的好产品会逐渐获得更大的市场，能够得到更广泛的传播，并成为主流，这样人类的资源分配就更能得到优化。他举例说，有一部分人专门做别针，有一部分人专门做衣服，有一部分人专门炼钢铁，社会分工的精细度将越来越高。这一观点在北京大学唐涯教授的著作《金钱永不眠》○中也讲到了。

实际上人类文明的起点以及人类文明的最终高度，很大程度上取决于社会分工的精细化水平。从这一点我们也可以理解，动物没有交易，所以动物几乎没有分工。虽然有狮群，但不可能出现有的狮子是捕猎专家，有的狮子是储物专家，有的狮子是物流专家的现象。人类如果没有分工，人类社会就和动物世界没有什么区别。整个人类文明

○ 斯密.国富论[M].李慧泉,译.上海：立信会计出版社,2016.
○ 香帅无花.金钱永不眠[M].北京：中信出版社,2017.

的建立和不断进化，包括创新能力和技术的突破，都是分工越来越精细化的结果。

分工越来越细，东西就能做得越来越精，市场就能做得越来越好，而做得最好的产品和服务就能覆盖全球市场。形成全球性的市场是人类奋斗了几百年的结果。2020年年初我赴瑞士参加达沃斯论坛，大家都知道，瑞士的手表、军刀，包括其他瑞士工艺品，做工都非常精美，与其他国家拉开了很大的差距，自然会有越来越多的人选择他们来做，从而就主导了市场，这是靠自由市场的大量交易行为实现的。据亚当·斯密分析，在自由市场中，产品会不断优化，投资会不断优化，下面我们就要分析财富概念的产生。

综上所述，自由市场，如果按第7章要讲的计算思维来看，就是一个分布式的运算体系，其基础算法就是"互通有无，等价交换"，每一次交易完成可以理解成一次运算完成，社会分工和文明的产生可以理解成这个系统大规模运算的结果。那么，怎样让交易高效率、大规模地进行？我们设想一下，原始人交易一定是从物物交换开始的。但是，你完全可以想象，物物交换效率非常低。比如我有苹果，你有鸭梨，你需要我的苹果，但我不需要你的鸭梨，那就无法交易。农业文明时代，经常是一个星期才赶一次集，所以交易效率极其低下，社会分工和文明发展会长期停滞在很低的水平。但是，如果我们是熟人亲戚，我信任你，可以让你赊欠（信用的财富），你可以先拿走我的苹果，以后再给我一些我需要的东西，交易就可以达成。或者，你手里有我们共同相信的价值等价物（金钱的财富），如金银或者其他货币，交易也可以达成。再或者，你手里有股票债券（金融的财富），我可以随时拿它们到资本市场变现，交易也可以达成。总而言之，要让自由市场这个计算系统加速运转，市场交易就需要更多的信任、信用资源。下面我们将详细探讨，经过数万年的进化，特别是智人的认知革命以后，人类是怎样利用甚至主动创造相互之间的信任，或者从具体的使用价值中抽象出价值等价物，让整个市场交易能够大规模跨时空顺畅进行的。这也是"财富"的概念所由产生的关键。

财富即信用资源的形式演变

熟人社会的"财富":靠刷脸小范围产生的信用

其实,人类最早建立信用靠的是很原始的办法——刷脸。做生意的人一定逃不开社交,如吃吃喝喝、唱卡拉 OK 等。胡雪岩被誉为"中国商圣",但我看写他的书,开始不是很欣赏。因为我个人对他成天呼朋唤友、喝酒吃席很不认同,也很不理解有些四川人为什么一天甚至可以花十几个小时在茶馆里泡着。但是后来我理解了:为了交易能够加速实现,在物物交换的基础上能够多少提高一点效率,需要怎么办?想增加大家相互间的信任,就得经常刷脸。

熟人社会,刷脸能让市场交易更高效地完成。这其实是商业信用最原始的积累方式,对应着信用资源严重不足的时期。

认知革命——大规模交易和财富产生的基础

我读过一本书叫《人类简史》,这本书的作者分析得很有道理。

《人类简史》说熟人社会的规模上限是150个人,也就是说你最多能认识150人[一],就算互相是熟人,超出这个范围的人群就不可能是你的熟人了。

那么,更大规模的交易和财富(信用)如何产生?《人类简史》这本书提供了一个解释。

总的来说,这个解释是:智人完成了认知革命。

在人类进化历史上,有三大革命:大约7万年前,"认知革命"让历史正式发端;大约12000年前,"农业革命"让历史加速发展;而到了大约500年前,"科学革命"让古代历史画下句点而另创新局。《人类简史》讲述的就是这三大革命如何改变人类和其他生物。[二]

认知革命指的是:智人的认知超越了动物和其他种群,能够开始想象,可以创造出一些抽象的概念。这些概念都是大自然中不存在的

[一] 英国人类学家罗宾·邓巴提出了"邓巴数",即150定律。该定律指出人类的社交人数上限是150人。

[二] 赫拉利.人类简史[M].林俊宏,译.北京:中信出版社,2014.

东西,包括各种怪物和神明。有人平时见到过神吗?信仰再坚定的人估计也没见过,但是他怎么就相信呢?《人类简史》说这就是认知革命的结果。认知革命的最大的贡献是什么?是让人类的组织规模可以超出150人的"邓巴数"上限。

《人类简史》进一步阐述,熟人社会光靠刷脸,社交上限顶多就是150人,这跟我们的经验基本相符。可智人一旦拥有了想象的能力,就能够提炼出抽象概念,就有了信念,就能在更大范围内达成共识,包括国家意识和宗教信仰。

中国历史上的一大标志性事件是秦始皇统一中国,这一事件的历史意义与其说是彰显了他的英明神武,倒不如说是帮助中华民族完成了自我认知的革命。非常明显,"统一的国家"这一概念,是典型的认知上的抽象。但是这一概念自秦朝以后就深入了中华民族的内心,虽然秦朝很快灭亡了,但是这个概念却绵延不绝地传承了两千多年,即使经历数次外族入侵,甚至经历了完全不同的西方文明的浸染,却至今仍是整个中华民族的共识。

所以,现代人类要想实现这种大规模的文明协作,一定要经历认知革命。人类一定要创造出抽象概念,让大家都相信它,能达成共识。

这样一来，人类的协同范围就突破了150人的上限。以标致汽车的车标为例，一只站立的狮子，现实生活中狮子是这么走路的吗？不是。但标志汽车用一个这样的形象形成了标志品牌的共识，哪怕有一天标致集团着了火，办公室烧了、工厂烧了，这个共识仍然会存在。据说，现在标志集团在全球有20万名员工，年利润达500亿欧元，这首先应该归功于对标志品牌的认知和共识。

如《人类简史》所说，认知革命就是这样让智人群体一下突破了150人的规模上限，实现了上千人甚至上万人的大规模的集团协同。而别的人种最多只能形成150人的小团体，根本无法与之对抗。所以，历时几万年后，智人统治了整个地球。现在不同文化、不同肤色的各个人种，根源都是非洲智人。

这个理论对我们有巨大的启发，我们会很自然地联想到亚当·斯密的全球自由市场理论，怎样让亿万人参与"互通有无，等价交换"的协同交易行为呢？人类当然需要认知革命，需要抽象出某种共同等价物。交易的时候我们互不认识，我有苹果你有梨，你要我的苹果，但我不需要你的梨，凭借物物交换的方式，我们无法轻松实现大规模交易。但是有了黄金，交易就可以轻松实现，因为我们都认可黄金。也就是说，我们俩不必熟识，只要我们对黄金有共识，就能把黄金抽象出来，认为它是财富，我们一同承认它。需要注意的是，这就是抽象的财富概念和共识。

一般等价物：贝壳，黄金等

如今许多人还在争论这一问题：黄金是否本来就有使用价值，因此才成为财富？当然不是。黄金在成为全人类的财富共识之前，几乎没有使用价值，由于硬度天然不足，造工具、造兵器都不行。

黄金、白银之所以在人类历史上能够成为财富共识，很大的原因是它们比较容易切割，而且化学性质稳定，不容易氧化；再就是它们的分布比较分散；而最重要的是：它们天然稀缺，而且开采和提炼都需要一定的工作量。

因此，黄金能成为人类共同的信用资源，成为财富的象征，并不是因为它们本身有很大的使用价值，而是因为亿万人就它们达成了某种抽象的共识。

在黄金以前，更早期的共同等价物都有什么？其中一个重要的例子就是贝壳。这一点在我们的文字上也留下了痕迹。我参观中国金融博物馆的时候发现，跟金融财富有关的字，大部分都是贝字旁，例如财、赊、账等字都是贝字旁。

中国人关于财富的认知革命或许就是从贝壳开始的,也就是说,它始于人们把贝壳作为共同等价物。贝壳更支持人类财富的认知革命理论,因为贝壳显然没有直接的使用价值,它只是交易中的价值的抽象,寄托了人们相互交易的信任,也就是信用。

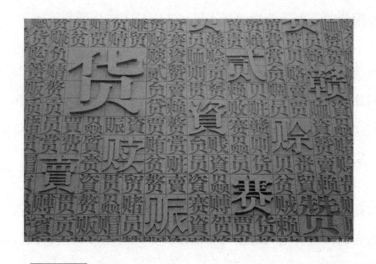

图1-1 贝字旁的汉字

在这里我们特别指出,一些人认定财富就是有使用价值的物,认为占有越来越多的生产资料、产品和资源,就等于占有了财富,这种财富观有其局限性。在很多王朝的末期,土地的过度兼并集中妨碍了其作为财富共识的作用（关于房地产的财富共识，我们后面将详细讨论），因为这样做通常的后果就是市场上信用资源枯竭，经济萎缩，同时使得中央政府的税收系统崩塌。

过去，国内盛行一种理论，认为王朝末期土地的过度兼并是由土地私有制造成的，这里完全混淆了私人过度占有和私有制之间的区别。在资本主义时代，私有制是自由市场的基石，资本家占有的生产资料和资源要远超农业经济时代的大地主，为什么没有因此造成经济萎缩？因为资本家利用手中的生产资料大规模地生产产品、创造利润，因此有能力通过现代银行系统达成新的财富共识（发行纸币）。尤其是像福特那样有远见的资本家，有意识地不断提高工人的工资和福利，让他们也买得起自己生产的汽车，不断参与市场交易。因此工业时代，资本家高度集中的生产资料和资源反而常常促进了市场经济的繁荣。

如果没有发达的市场经济，即便是由国家占有并规划使用生产资源，经济也很难繁荣起来。亚当·斯密的名著《国富论》，光看书名人们很容易误解他是在教国家怎样更多地占有资源财富，但其实恰恰相反，亚当·斯密通篇分析的是国家怎样通过尊重"互通有无，等价交换"这个自由市场的基础协议，在大量平等交易中让信用资源（财富）

不断产生，最后国家才能富强起来！中国改革开放后不断发展市场经济的结果完全证明了这条财富产生的真谛。

总而言之，仅仅占有实物和资源不等于拥有财富，创造了自由市场的信用，并进行一场认知革命，才能达成全球共识并开始拥有财富。

这场财富的认知革命直到今天也没有停止，因为全球的市场和产业协同还在不断向更高的水平迈进，财富的概念和形态还在经历深刻变革。为什么加密数字货币如比特币能够成为财富？后面我会深入地讲，那是上万年认知革命的延续，是人类文明进化的延续。有了这样一个视角我们就很好理解：创造财富的抽象是人类文明发展所必需的，是人类建立整个自由市场所必需的，是大量高效率交易进行所必需的，也是全人类大规模产业协同所必需的。

财富当前主要表现形式和度量

上面我们分析了，大规模的市场交易协同需要信用共识，也就是财富，这些共识一开始依赖于天然资源的稀缺性及其化学性质的稳定性。但这样产生全球信用共识的模式，显然无法适应后来工业革命时代更广泛、更高效的全球贸易。因为工业革命的标志就是生产大爆炸，使得能用来交易的产品急剧增加。所以接下来，财富的发展需要更精确的价值度量，需要更高的流动性，这就必然产生银行货币。

哈耶克的老师米塞斯说："货币不过是交易的媒介，如能使商品劳务之交易进行得较物物交易更为顺利，即可谓已经完成其使命。"[一]

显然，按照米塞斯的定义，货币是财富认知的共识，是有助于亚当·斯密自由市场系统交易的信用资源。更具体地说，它是财富共识的度量，要为财富提供更好的流动性。

历史上，金银也曾担负起部分全球货币的角色。但是，它们的大规模携带很不方便甚至不安全，这样金银作为信用资源的流动性很快会跟不上工业革命的步伐。而且，金银作为天然稀缺资源，一方面容易让人类形成财富共识，另一方面又很容易导致市场信用资源稀缺，特别是在工业革命发生之后。因此，银行开始登上了历史舞台。

银行起了什么作用呢？最早我的认识也很肤浅，认为银行的工作

[一] 米塞斯.货币与信用原理[M].杨承厚，译.台北：台湾银行经济研究室，1962.

就是存钱、取钱，只是我们寄存财富的地方。其实当你真正搞清楚银行的本质和现代货币的本质，就会发现银行是产生信用的地方，或者在某种意义上是产生"钱"的地方。那银行最早是怎么来的？

电视剧《乔家大院》展现了早期银行（那时在中国叫钱庄）发展的一部分历史。电视剧讲述的故事发生在我国山西。山西在地理上与古代丝绸之路的一部分相连，同时背后又跟中原好几个省接壤，所以它在古代是一个贸易很发达的地方。

乔家是做贸易的大户，而且那时候中国的信用共识是白银。乔家的生意做得很大，需要长途贩运白银，而且贩运的量很多。在这个过程中风险就很大。荒郊野岭，又跨越大草原，半路碰到土匪怎么办？这就需要镖局保护，但是雇佣保镖的成本很高。按现在金融服务的标准来说，每次百分之十左右的信用流通成本确实太高了。

后来乔家的乔致庸有了一个创新的想法，发行一种叫银票的东西。我在各地开了很多分号，你只要有我在太原发行的银票，就不用将银子从太原运到包头，只要到我在包头的分号兑换出银子来就可以了。银票好藏，可以缝在棉袄里，这就大大降低了在途风险，而且中间的费用也大大下降了。

但是《乔家大院》这部电视剧没把金融的故事讲完。银行生产信用这件事，我是在看了亚当·斯密《国富论》后才理解清楚的。因为那时候在欧洲，银行也处于萌芽状态。

现代银行最早起源于意大利，英文中 Bank（银行）这个词发端于意大利语 Banca。Banca 在意大利语中是板凳的意思，因为最早做金融的人都是在路边坐着板凳开展业务的。那些人，本来做的业务跟乔致庸类似，这边收你一百两黄金，给你一张支票，你可找另一个地方的 Banca 去兑换。一开始，支票可以在意大利的几个城邦之间交换，不用长途贩运黄金，也就降低了运输风险和成本。

后来这帮坐板凳的人动动脑筋，开展了新的业务——借贷。怎么借贷呢？一个坐板凳的人收到别人一百两黄金，就把这一百两黄金借给需要黄金的第二个人，但又不直接给对方黄金，而是给对方也开张支票，支票就代表借出的一百两黄金，对方拿着它到其他 Banca 也可以兑换。如果大家都相信支票能兑出黄金，也可以直接用支票进行支付，那支票就成为纸币的前身。

但是这些人都想拓展业务，绝不可能有一百两黄金就只开出一张一百两的支票，支票慢慢越开越多，最后一般是存入一份黄金开出五份支票。这种行为就让银行业变成了高危的产业。原因很简单：这一行业最怕挤兑。例如，在开出去的五份支票中，如果有两份支票同时要求兑现黄金，就兑现不出来了。万一这种情况成真，银行就成了骗子。所以在欧洲，有很长一段时间，银行家是骗子的代名词，银行业甚至被一些国王明令禁止。

但是，我们审视一下财富的本质，为什么早期的银行能"骗"这么多人？这其实是亚当·斯密所说的自由市场繁荣到一定程度的结果。依靠传统的实物金银的稀缺性产生信用共识，已经不能为全球贸易提供足够数量的信用资源支持了。银行业实际上在为整个自由市场生产新的信用资源，因为本来只有一百两黄金的，它却可以产生出等同于五份一百两甚至二十份一百两黄金的信用。

当然，这种信用资源在开始阶段是很脆弱的，随时都有可能崩溃。但如果不崩溃，银行就相当于在帮市场挖金矿，在为市场注入更多的信用资源，因为人们拿着支票就可以进行交易了，交易显然也会推动生产。所以现在大家看到的现象是——银行可以借（发）"钱"了。

第1章 财富的本质

本杰明·富兰克林曾经说："牢记，信誉就是金钱。"⊖ 这几乎可以说是银行通过信用借贷（常常伴随质押）为市场产生财富共识的基础原理。

从历史上看，一种新型信用在诞生初期难免经历起伏，确实会让很多人遭受损失，所以很容易被骂成骗子。银行业从在街边坐板凳开始，发展到在最贵的地段盖最高的大楼，也经历了一个长达几百年的过程。其实在人类历史上，为人类创造财富的这些人，创造信用共识的这些人，很多都是把脑袋别在裤腰带上去干的。

我接下来会专门分析华尔街是如何创造财富的，华尔街的银行家们在历史上曾被许多人称为骗子，尤其在早期，银行操作不好就会崩溃，一旦崩溃确实会让很多人遭受损失。我国晚清首富胡雪岩的钱庄当时就是因为挤兑而崩溃的。胡雪岩当时富甲天下，但据说是得罪了李鸿章集团，被人散播了谣言，结果发生了挤兑，三天就让这位首富完全破产，上无片瓦，下无立锥之地，最后潦倒而死。⊖ 胡雪岩是骗子吗？

⊖ 韦伯.新教伦理与资本主义精神[M].马奇炎，译.北京：北京大学出版社，2012.
⊖ 高阳.胡雪岩[M].上海：生活·读书·新知三联书店，2006.

我觉得至少不能完全这么说，他确实为社会创造了大量财富，也确实为当时社会经济的发展提供了大量信用资源。

但是早期，这些行业经验不足，管理不足，再说国家的法律保护监管也不足，更重要的是当时中国的市场经济还不够强大，没有足够多的产业利润为这些信用做支撑，经常导致流动性不够，所以很容易产生风险事件。

当然，也不能排除确实有过故意行骗者，但是许多行业基本都是这样走过来的，多少致力于为人类创造财富的人赴汤蹈火，甚至付出了生命的代价。大洋彼岸的华尔街让多少人身败名裂，就连美国南北战争时期的英雄格兰特总统卸任后都深陷其中，最后郁郁而终。㊀

但是你正确地看待整个人类历史的发展才会明白，这些当局者为人类创造了财富，创造了信用共识和价值，推动了全球市场协同和分工，为人类文明的繁荣发展做出了贡献，这些人是值得我们正确地认识并深切缅怀的，他们是整个人类认知革命的一部分，是通过亚当·斯密的自由市场建设人类现代文明的有功之臣。

㊀ S. 戈登. 伟大的博弈[M]. 祁斌, 译. 北京：中信出版社, 2005.

从纸币到加密数字货币/移动支付：数据作为信用资源

如今，银行业已经历了几百年的发展，许多大银行以国家背书，成为市场创造信用资源的主力，它们发行纸币，大家觉得天经地义。但是阿里研究院的高红冰认为，这一套做法是有问题的：它是为我们的贸易生产了信用资源，但成本太高了。大银行在最贵的地方盖最高的大楼，里面上班的又都是名校毕业生，他们的工资待遇也是一流的，可想而知成本会有多么高。高红冰认为，随着人类历史向下一阶段迈进，人类的认知革命不断延续，到了互联网、大数据时代，数据已经可以产生信用了。

我听过一个故事，说天弘基金要被阿里巴巴并购。本来天弘基金满心希望要"嫁给"阿里巴巴，作为一只很小的基金，这桩"婚事"一旦谈成，天弘基金一下就能跻身全中国前几大基金，当然动力十足。但是谈了一个月还是没进展。天弘基金本来的用户门槛很高：用户要加入，投资额最低也要五万元钱。想想也合理。他们都在最贵的地方盖最高的大楼，门槛当然要高。但是，阿里巴巴的要求是，必须把门槛降到一元钱。天弘基金觉得这是天方夜谭，双方的争执持续了一个月。据说阿里巴巴最后下了通牒，说不满足自己的条件，这"婚"就结不成了。天弘基金没办法，只有屈服。阿里巴巴为什么提出这样的条件？因为正如高红冰所说，阿里巴巴自认为代表新的时代，数据和信息也能产生信用了。注意，这确实开启了人类财富历史的一个新纪元。

以前财富的载体都是实物，类似黄金、白银，是看得见摸得着的，谁会相信数字能够产生财富啊？数字是随便在纸上写的，你能说它是财富吗？不可能。我要提前说一下，数字要成为财富，必须在大数据时代才有可能。为什么大数据时代事情会有实质性的不同呢？我后面就将谈到量子力学给我们带来的实在观——本体论。

不管怎么样，有了大数据，我觉得阿里巴巴就立下了耀眼的功绩。高红冰说，他们开始超越银行"在最贵的地方盖最高的大楼"这种高成本的信用生产模式和逻辑，发现大数据也可以产生人的信用，其实这一切并不奇怪。个人的数据量和信用值应该是正相关的。

有一次我跟一位币圈著名人士交流，他问我，你知道我的信用卡额度是多少？三万元，而且更可笑的是，我经常收到银行的短信，说祝贺你，今天银行将信用卡临时额度给你调到五万元。这不是在开玩笑吗？他身家至少几亿元！

为什么？因为银行没有他的大数据，更没有他的数据资产，所以信用额度定得非常低。本来信用卡是一个很好的生产信用资源的金融工具，我们现在都在用，也很方便，但它的信用生产额度太有限了，与我们的实际财富状况并不吻合，跟我们真正能生产的财富更是严重不符，而且信用生产的成本还那么高。高红冰认为，未来大数据是可以产生财富共识的，而且成本要比现在的银行低很多。

2016年，高红冰请我去讨论区块链，那时候我自命比较懂区块链，中国最早的一本介绍区块链的书就是我参与编译的。但是没想到高红冰当时的几个观点真是让我开了眼界。我顺着他这个逻辑思考，发现未来人类必将走向数据产生信用、产生财富的时代。我当时就向高红冰提出，现在有问题的地方是，大家搞的还是数据寡头公有制，互联网上的数据属于谁是不明确的。你说我在微信上的数据属于谁？我在淘宝上的浏览记录呢？

后来我在美国碰到了芝加哥大学的杰弗里·沃尼克（Jeffrey Wernick）博士，他在中国也很有名。在纽约，我跟他聊了聊，他说全球的互联网大公司采用的其实都是一种商业模式，就是拿着大家免费的数据赚钱。后来我查了资料，脸书每年搜集20多亿用户的数据，能收入400亿美元，利润规模几乎和标致汽车公司一致，你说这得创造多少财富？

但如果是数据一直是公有的，它创造财富的能力是很难充分发挥的。因为数据不属于个人，个人信用值的增长，也就是财富的增长就会严重受限。余额宝给的信用额度有时候还没有银行多，远不能充分发挥数据产生财富的潜能。

高红冰的逻辑我完全信服，我想通了这些，突然明白过来比特币为什么应该值钱了。中本聪最伟大的创造是什么？私钥签名解决了数据所有权的问题，数据第一次能属于个人了。所谓加密数字资产跟国家开始发房产证，搞住房私有化是一个道理。紧接着，以太坊搞的不可停止的智能合约，都是为这个宗旨服务的。未来区块链时代最伟大之处，是能够将我们在互联网上的大数据确权到每个人，让数据能成为每个人的财富共识。

总的来说，人类社会进步为什么需要财富？最根本的原因是人类文明的自由市场架构需要交易。但是在交易过程中，为了提高交易效率，尤其是陌生人之间要能够大规模地完成交易，需要认知革命，从而抽象出信用、信用资源或者信用等价物等共识，通俗地说就是"钱"。这类东西慢慢会抽象出财富的概念。不管是最早的贝壳、黄金、白银，后来银行发行的纸币，股票证券，还是在本书后面要谈到的加密数字货币及数据资产，所有这些万变不离其宗，只要能增加交易中的信任、信用资源，能帮助市场中的交易更高效地完成，就有机会形成财富，也就是信用共识。这是《人类简史》里说的人类的认知革命的一部分：价值的认知抽象。这是当初智人战胜了所有其他种群的原始人类的制胜法宝，是伟大的人类进化最为绚丽的篇章之一。

正确的财富观

如果一个社会无法创造财富，或者说无法创造出足够的信用资源，整个文明是架构不起来的。亚当·斯密说的自由市场交易，人类的高度精细分工，各种资源的优化配置，大规模的协同，社会的繁荣富裕就不可能。所以对财富共识的创造，包括追求财富的行为应该有正确的认识。

这方面的例子，一个是西班牙在美洲发现大银矿。央视纪录片《大国崛起》[1]统计：1521年到1544年间，西班牙从拉丁美洲运回的黄金每年平均为2900公斤，白银30700公斤。1545年到1560年间数量激增，黄金每年平均为5500公斤，白银达246000公斤。在入侵拉丁美洲的300多年中，共运走黄金250万公斤，白银1亿公斤。这些真金白银直接给当时的欧洲市场注入了大量信用资源，也就是财富，最

---

[1] 唐晋我.大国崛起[M].北京：人民出版社，2007.

终成就了英国的产业革命，让人类文明进入了一个全新的阶段。

再一个是美国加州发现大金矿，《伟大的博弈》记载：随着（加州的）大量黄金突然注入经济之中，美国经济得以迅速发展，整个国家呈现出一片大繁荣的景象。作为经济活跃程度标志之一的财政收入在1844年只有2900万美元，到了1854年已经超过7300万美元。㊀大金矿的发现给美国的整个自由市场注入了新的信用资源，成就了美国整个大铁路时代经济的腾飞。很多人认为把铁路建起来经济就能繁荣了，其实并不是那么简单。如果没有真正的信用资源，就无法刺激大量的交易行为，一个现代的美国文明就无法建立起来。

传统金融界有一个错误的观念，就是社会财富（或者说货币）一定要和市场中的商品有某种线性的对应关系，否则就会天下大乱。这在古代，特别工业革命前也许还有一定的正确性，因为当时市场中的信用资源和商品都是稀缺的。但是在工业革命之后，人类彻底解放了自己的生产力，大规模注入财富资源往往会推动整个市场的繁荣，因为现代工业的生产能力足够强大，基本上不会因商品供应不足而发生大规模的通货膨胀，有了互联网时代的交易大爆炸，通货膨胀的可能

㊀ S.戈登.伟大的博弈[M].祁斌，译.北京：中信出版社，2005.

性就更小了。所以，工业革命后财富已经不会和实物商品形成真正的线性对应关系了。之所以有些国家超发货币造成通货膨胀，是由于没有能够锚定自由市场的财富共识造成的信用崩溃。

所以，我们认为正确的财富观是这样的：

第一，追求财富绝不代表贪婪，它是人类文明的起点。一个健康、法治、现代化的社会，首先要保护人类创造财富共识的行为。

第二，财富一定要有私有的概念。设想一下，如果所有的等价物，不管是黄金、白银还是土地等，都是公有的话，对市场交易增加信用并不会有真正的帮助。

财产只有实现了私有化，才有动力不断参与市场交易，才能真正有利于财富共识的产生，这些财富才能真正为市场上信用资源的增加发挥作用，才能孕育出人类更高水平的分工和协同。如果财产没有实现私有，这个社会实际上就没有财富，市场缺乏共识机制，对市场交易的繁荣没有帮助。

《资本的秘密》是秘鲁总统的经济顾问赫尔南多·德·索托的著

作，这本书想搞清楚第三世界国家为什么穷，并认为最根本的原因就是它们普遍没有健全的法律体系保护个人资产。这样的话，社会不可能富裕，因为永远缺乏财富，永远缺乏信用资源，交易永远不可能高效进行下去，更不可能参与全球性的大规模产业协同。

第三，资源不应该只掌握在少数人手里。现在即使在发达的资本主义国家，政府也会利用法律，对垄断进行严厉的打击。为什么？因为财富过度集中在少数公司、少数人的手里，一定不利于自由市场的运作，不利于大量信用资源在市场中的循环，不利于大规模协作的发展，整体来说不利于人类文明的进步。

第四，也是本书重点，未来区块链能让数据私有，并成为每个人的财富。

对于这一点，我认可亦来云在保护个人数据方面的定位。亦来云的创始人是陈榕，他于1977年考入清华大学计算机系，后来出国深造。从1984年就已经开始做操作系统，曾在美国伊利诺伊大学研究了7年操作系统，然后在微软总部工作了8年，期间全程参与微软研究院多媒体操作系统的策划及开发，参与了微软新一代网络操作系统".NET"的策划及基础面向服务（SaaS）的技术研发。后来他毅然回国，在操作系统方面又深耕近20年。2017年，他创立了亦来云。陈榕可以说真正见证了互联网从初始到繁荣的整个历史，这使他能够深入分析目前互联网在数据隐私方面的种种安全问题。如陈榕所说，比特币解决了加密数字货币面临的双重消费问题，亦来云将解决所有形式的数据和数字资产的双重消费问题。可以说，亦来云立志打造新一代互联网，即我所强调的财富互联网。

认清财富作为市场信用资源的本质，认清抽象价值和"钱"是人类认知革命的延续，我们就能够校正我们过去对财富的一些偏见，包括对追求财富这种行为的偏见。只要不是沉迷囤积而不参与流通者，我们对历史上不断追求财富的大多数人们都应该抱有敬意，因为他们在推动人类市场文明的发展中起了至关重要的作用。

总结一下，按《人类简史》的观点，经历了认知革命的智人能够创造出抽象的概念，形成大规模的共识，让成千上万人的协同成为可能，战胜了其他原始人种，主导了地球。在经济领域，全球范围的协作和分工需要大规模频繁交易，人类认知革命的延续就是把使用价值从具体的物品中抽离，创造出抽象的"财富"概念，逐渐形成价值共识，从而为全球自由市场不断创造信用资源，发掘出"钱"的新来源，让人类分工协同越来越向更高的阶层迈进。从最早的贝壳到金银，再到纸币,直到本书将重点分析的数据财富,人类"财富"观念和形态的演进,就是人类文明发展的缩影和记录。

所以,通过分析财富概念的本质及其演进的轨迹,我们发现:财富不是物,而是全球信用共识!

区块链国富论
论全球信用
算法共识的
未来财富

第 2 章　财富共识
产生的七大原则

第 1 章，我们重点讨论了财富概念的本质，即财富不直接是物，而是亚当·斯密的自由市场顺畅运转不可或缺的信用资源，是智人认知革命的产物，是从物的具体使用价值抽象出来的共识。这一章的主题是财富共识产生的原则和条件。通过我们的实践和研究，我和麻省理工学院（MIT）毕业的贺敏女士反复讨论并总结出财富共识的产生需要七大原则：财产私有原则，价值锚定原则，大规模交易原则，科学和技术推进原则，信息充分交流原则，分布式计算原则和适应政府监管原则。

第一原则：财产私有原则

诺贝尔经济学奖获得者哈耶克说过："尽最大的可能保护私有财产，肯定是人类社会延续最为重要的必要条件。"⊖

也就是说，财产/财富属于谁一定要明确，而且要有足够的法律和机制保护。只有在这种社会条件下，才有达成大规模的财富共识的可能性。理由很简单，如果财产不私有化，那交易的原动力是什么？如果真是一个原始共产主义社会，像历史上曾经发生的那样，所有的财产都属于一个氏族社会，都是公有的，那大家还有必要交易吗？任何两个人之间只要交易，那就是违法：不属于你的东西，你怎么能交易呢？如果财产的产权不清晰，亚当·斯密的"看不见的手"就完全不能在市场中发挥作用了。

⊖ 哈耶克.致命的自负[M].冯克利，胡晋华，译.北京：中国社会科学出版社，2000.

首先，交易无法进行，因为缺乏动力，无法产生交易需求。其次，需要财富共识吗？也不需要，因为没有产生交易与财富共识的动机，整个分布式计算系统根本无法启动。

房地产就是一个例子。1998年发放房产证以后，中国走向了一个财富新时代——私有化确权时代。房地产最早是有使用价值的，因为可以居住，成为中国"丈母娘经济学"（指谈婚论嫁时女方家庭要求男方准备好用于居住的房屋）的刚需。但是，房地产后来的发展逻辑显然已经让它远远脱离了日用品的范畴。现在中国的住房成了整个社会的财富共识，甚至成了一些中国家庭的主要财富来源。

中国房地产的本质是什么？陈志武教授在《金融的逻辑》里面已经提到了，1998年房地产开始确权，房地产私有化，这是房地产能变成未来财富共识的起点。[一]如果没有确权的话，后面的楼市繁荣都谈不上。紧接着，房地产资本市场形成并可以大规模交易了，再往后发展，房地产实际变成了变现未来的财富工具。

[一] 陈志武.金融的逻辑[M].北京：国际文化出版公司，2009.

第 2 章 财富共识产生的七大原则

图 2-1 中国的丈母娘经济学

厦门大学的赵燕菁教授提出了更加理论化的分析，他最经典的一个观点是：中国的房地产实际上是中国城市发行的股票（后面我们将详细分析变现未来的财富逻辑）。

大家通过不断交易房产达成财富共识的过程，是在变现城市的未来，包括经济发展的未来和公共服务的未来。所以中国现在主要的财富共识就是房地产。中国房地产目前市值总量约为 65 万亿美元，不同出处的数据或许有出入，但是基本都是这个数量级。

实际上人类后来真正的发达社会、文明社会，都是架构于自由市场从而达成全球财富共识的。共识是怎么形成的？首先必须对私有化财产确权。

本书的主题是区块链，区块链最早的应用是比特币，区块链是比特币的底层技术。很多人讲比特币都没有抓住本质要害，就是比特币为什么现在能成为全球一个新的财富共识？因为它完成了一个起点性、原点性的成就，那就是数据可以确权。通过私钥签名确定数据的归属，这在人类历史上是一个巨大的创新，具体有如下几点突破：

第一，互联网上本来无主的数据，通过密码学私钥签名确定归属。目前，这件事还远未成为常态，现状是你的个人数据都属于各大互联网平台。比如，现在我们在某个直播平台做视频分享，我们的直播视频并没有版权，我们绝对拿不到数据的所有权，虽然这个ID、这个账号是我们的，但是我们的数据都拱手让给平台了。现在互联网上任何一个App都是这样的。所以，现在的互联网是一个数据公有制的世界，数据不能给我们每个人创造财富，因为它属于谁是完全不明确的。但是，从2009年中本聪挖出第一个区块产生了50个比特币起，人类跨入了一个全新的时代：数据开始属于个人，数据的私有化从这里开启。

2019年,扎克伯格在脸书大会上也在喊"数据私有化"的口号,很多人觉得很振奋,包括我自己。但仔细想想,是谁开启了数据的私有化?绝对不是扎克伯格,而是中本聪。数据私有化是从比特币开始提出的口号,它绝对开启了人类未来财富时代的新纪元。

第二,人类以前确权资产,主要靠什么?政府、法院、律师,全都是中心化体系,这在美国是比较明显的,美国之所以能成为世界上最发达的经济金融体,全都依赖于此。我在2018、2019年大部分时间里都待在美国,在纽约、波士顿对美国的经济金融体系进行了一番近距离的考察,对此印象很深刻。那套体系建立了几百年,要从历史角度说,是对人类私人资产保护得最好的一套体系,所以美国现在能成为世界第一的金融帝国,不是偶然的。

但是需要注意的是,美国的这套保护体系是靠人撑起来的。不管是法院、政府、警察,还是律师系统,运作都离不开人。如果有人违反规则,就打官司,最后的判决要由经济警察执行,这一套流程所消耗的成本,不管是经济成本,还是时间成本都是很高的。

与传统体系不同的是，比特币作为数字资产一旦属于你，就不靠任何线下的人来确认，而是靠数学，靠密码学，靠全网矿工的计算来确权。分布式体系有将近一万个节点为你记账，到目前为止，在比特币的世界里，加密数字货币的所有权问题没有出现过错误，没有出现过大规模的作假，没有被黑客攻破。实话实说，银行也是保护我们的资产的，我们的钱存在银行里也是数字，是靠银行确权并保护的。但是，银行保护资产，我们付出的成本也是非常高的，而区块链技术则极大地降低了这个成本。

第三，比特币创造了数字资产的稀缺性，它的总量只有 2100 万枚。这为形成全球新的财富共识创造了数字私有化成功的先例。同样，比特币总量的有限是靠分布式计算保证的，不靠任何第三方的人或机构执行。

当然比特币的数字资产还很单调，没有内容，但这只是它的原理，几年后，如果微信上的数据、淘宝上的数据，以及讲座视频等的数据能够确权给每一个人，我们每个人就能依靠自己的信用状况在全球范围内达成新的财富共识，这绝对是今天无法想象的。

第二原则：价值锚定原则

如果一个经济社会产生了新的价值，它就有机会达成新的财富共识。

第一阶段：锚定自然稀缺的实物

最原始的财富概念很简单，财富就是物，你能生产多少物品，就有多少财富。现在还真有不少人的观念停留在财富就是物的原始阶段，认为我们能有多少财富一定源于我们拥有多少物品，有多少吃的、用的、穿的等，这些财富我们统称为原子资产。

金银为什么能形成传统财富共识？我提到了一点，因为它们的总量天然是有限的，而且它是自然资源，符合我们关于财富是物的观念。中国人曾经以贝壳作为财富共识，后来过渡到金银。贝壳很难说有限，大海边的贝壳很多，无限量供应，虽然文字留下了贝字旁，但是历史的发展最终跨越了那个阶段，最后全球财富共识落在了金银上。（比特币在约束总量有限这一点上，显然模仿了金银。）

第二阶段：锚定大规模生产带来的利润顺差

再往后，财富共识是怎么跨越金银这个阶段的呢？当然是工业革命。工业革命为什么是现代文明的起点？因为工业革命最伟大的创造是让人类的生产开始大规模进行。人类在工业革命之前，几乎所有的产品都是稀缺的，靠天吃饭。不管是农业还是牧业都不可能大规模生产。没有大量产品供人们交易，所以现代文明建立不起来。如果把那时候的市场经济比成一台分布式计算机，那时它的计算效率极低，因为没有交易，没有交易就没有计算。所以大部分时间里人们不需要比金银更多的财富共识。

现代社会的起点是工业革命。先有了蒸汽机，后来发展了电力，解决了能源问题。然后有了厂房，一年四季每天 24 小时都可以生产了。再后来，有了精细的分工，有了流水线，这些都是工业革命带来的成果。工业革命最根本的成就是产品的极大丰富，全球贸易真正的形成，大规模交易开始，奠定了现代文明的基础。

全球财富共识的革命又是什么？实际上就是金银资源很快就不够用了，因为锚定在天然资源上的财富共识，远远不足以支持这么大规模的交易。所以，后来产生了银行。银行主要靠什么推动达成新的共识？就是靠发钱。钱最原始的状态曾经是中国钱庄的票号、欧洲银行的支票，最后才发展到真正的纸币。我后面会再详细讲一下这个问题。

工业时代要达成新的财富共识，价值要锚定在哪里？答案是产品利润。大规模的工业生产和交易一定要有利润，一个工厂不可能没有利润还维持运转。利润的产生为新的财富共识的达成提供了新的价值锚定，并以银行发行的纸币为载体实现，借贷是这种财富共识达成的机制，而生产和交易利润，则是这种财富共识锚定的价值。由此，进入现代工业时代，银行大规模兴起了，纸币大规模流通了。

其实，纸币在中国很早就出现过，宋代四川出现了交子，但是很快就崩溃了，元朝发行的纸币，后来也崩溃了。

为什么现代银行发行的人民币、美元不会轻易崩溃？我个人认为，宋元时代能发行纸币当然是一种进步，但是那个时候没有大规模的工业生产，没有创造出充分的产品利润，没有充足的价值支撑，所以这种财富共识不能延续。

从 20 世纪 70 年代起，世界上主要的法定货币就都不锚定黄金了。1971 年 8 月 15 日，当时的美国总统尼克松宣布美元与黄金脱钩，人类彻底告别了靠锚定物的稀缺创造财富共识的时代，这相当于为工业革命几百年来对人类财富共识的贡献树起了一块里程碑。

布雷顿森林体系崩溃后，人类从商品货币时代正式进入了信用货币时代。在经济学中，货币的定义是由功能决定的，只要满足三个功能，就可以作为货币：交换中介、储存价值、记账单位。现代货币就是薄薄的一张纸，或者是银行账户里的一串数字，怎么能作为价值存储？是因为大家都相信现在保存着货币，以后可以拿着货币去换取别人的商品，这就实现了存储价值的作用。

和商品货币不同，信用货币本质上就是一个证明和记录借贷关系的账本，没有任何"物"作为抵押。现代社会，多数国家发行的法定货币都是信用货币，由政府或指定机构直接发行或发放。

那比特币为什么能成为一种非国家主权货币？这是因为人们在数学上证明：只要后台有一个科学的记账系统，就可以通过银行发行货币达成财富共识。

比特币的 UTXO 交易模型记录了自创世区块开始的每一笔交易，是一个数据量庞大的分布式账本（区块链的原始模型），这也从理论上说明为什么比特币也是一种加密数字货币。

第三阶段：锚定未来价值，科技创新，变现未来

当然，再往后又要进入一个新的时代了，财富共识绝对没有停留在大规模生产。如果光是大规模生产并创造利润就能够达成财富共识的话，那中国现在就应该是世界上最富有的国家，毕竟中国是世界工厂，生产了世界上大部分的产品。

从制造业的产业规模来看，中国 2010 年就超过了美国。2010 年世界制造业总产值为 10 万亿美元，其中，中国占比为 19.8%，略高于美国的 19.4%。自那以后中国制造业的产业规模在全球一骑绝尘。要知道美国从 1895 年到 2009 年，已经在制造业世界第一的"宝座"上稳坐了 114 年。

从工业品的种类来看，在全球 500 多种有统计的工业产品里，中国有一半以上品类的产量是全球第一。中国的生铁产量第一、煤炭产量第一、水泥产量第一、电解铝产量第一、化肥产量第一、化纤产量第一、汽车产量第一、船舶产量第一、电视产量第一、手机产量第一。

有意思的是，随着中国大妈投资黄金热情的兴起，2010年中国还生产了340吨黄金，排名也是世界第一。

虽然我们的很多工业产品产量已经是世界第一，但是我们远不是世界上占有财富最多的国家，人民币占全球的外汇储备才2%左右，很多人忿忿不平，说美元占了全球外汇储备的60%到80%，是因为美国就会印钞票。事实可不是这么简单的，光有印钞机不可能达成全球对美元的共识。

现在，全球财富共识的价值锚定是什么？有一种广为流传的说法，说因为美元锚定了石油贸易，OPEC必须用美元交易，才让美元成了全球财富共识。听起来好像很有道理，石油也算一种工业品，石油交易也会产生利润，但石油贸易是否真的支撑了几百万亿美元的价值呢？

我对此坚信不疑，但后来，我查了一下数据，2018年全球石油和天然气交易额为4268亿美元，说这可以支撑几百万亿的美元市值，显然是站不住脚的。

靠四千多亿美元石油贸易不可能支撑得住百万亿美元的财富共

识，我因此困惑了很长的时间，美元的价值支撑到底是什么？为什么它能为世界印钞票，并且形成了全球的财富共识？几百万亿美元，显然这种共识让美国占了很大的便宜。为什么中国想做却做不成呢？其他国家也是如此，谁不想把印钞机放在自己手里，自己想印就印？看了陈志武教授写的《金融的逻辑》，才对这件事情有了正确的认知，美国的财富共识主要是从华尔街形成的。我后面又读了《伟大的博弈》，这本书把整个华尔街的历史描述得非常精彩。

华尔街这个名字最早是荷兰人取的，荷兰人喜欢什么呢？喜欢炒作。最早的郁金香泡沫，几乎是全球金融泡沫的鼻祖，现在都还是贬义词。人们嘲笑某金融产品不靠谱，就说它是郁金香泡沫。最早去华尔街的也是一帮荷兰人。但是，金融炒作仅有荷兰人是无法做成的。发达资本市场在纽约的起源，与美国这个国家的立国原则有很大的关系。

当年，美国的立国原则基本上就围绕一个核心主题：保护个人的自由，保护个人的权利，尤其强调保护个人的私有财产权。美国是全球极少有的，从立国起就没有皇帝、没有国王的一个国家，一开始就订立全民公约，按照卢梭的思想以社会契约立国。政府与人民达成的至高无上的契约叫宪法，明确规定个人财产神圣不可侵犯。这块奠基石为美国后来建立起一座财富大厦，为美元作为全球主要财富共识打下了第一个基础。正如前面的第一原则所说，财产私有化的社会才能为大规模财富共识创造条件。

有了对个人财产权的充分保护，接下来，最早在华尔街的这批人主要交易的是什么呢？是国债。这同样跟美国政府的行为模式很有关系。因为美国宪法规定个人财产神圣不可侵犯，就连开国之父也不敢大规模地占有国家资源，因为这跟宪法相抵触。所以，在美国不管谁主导政府，都不可能大规模地占有国家资源，更不可能占有公民的土地、房屋、财产。但是，华盛顿们面临着一个很现实的问题：打仗是很费钱的，发不出军饷怎么办？最早，他们也想发大陆币，印钞票，但很快就崩溃了（我在华盛顿哥伦比亚特区还和美联储前主席格林斯潘讨论过这段历史）。

一方面要打仗，另一方面那时候美国工业显然也不发达。当时工业革命还没传到美国，美国相对于欧洲还是个落后的社会，不可能在大规模生产的利润支撑下发行货币。几乎没有价值锚定物，怎么办？幸亏有第一任财政部长汉密尔顿这个天才的金融家，他想出了主意——发国债。从理论上告诉大家，要支持我们建立一个新的国家，就去买国债，将来国家可以靠税收偿还大家，更重要的是他支持在纽约建立一个证券交易市场，大家都可以交易，国债可以随时在这个市场上换成现金。注意，国债的价值锚定是什么？是美利坚合众国的未来。

债券自由交易，就可以炒作：打胜仗了，债券就值钱；打败仗了，债券就大幅贬值。反正只要炒作，就总有人赚钱，也总有人赔钱。

汉密尔顿一开始就有意识地把未来的预期形成一种财富共识，让大家花未来的钱，或者是变现未来，以此作为一种创造财富共识的新的机制。刚开始看起来这只是一个权宜之计，可能当初的设计者汉密尔顿自己都没有想到，他开创了推动美国后来形成一个新的全球财富共识的机制，这就是变现未来收益形成财富。

2017年币圈牛市时我正好在读《伟大的博弈》，当时币圈确实出现了好多骗子，好多人不顾三观，为了赚快钱、赚热钱，吃相很难看。不过对照华尔街当年，国内的这些人怕是还不够格当"骗子"。华尔街当年的骗局，最后把副总统都裹了进去。但不管怎么说，美国靠它的法律制度，包括后来形成的律师阶层，系统性地保护个人财产和金融合约，为它真正能够在华尔街形成强大繁荣的资本债券市场，通过变现未来达成新的财富共识奠定了基础。

注意，没有一套好的法律体系，变现未来大概率就是骗子游戏，骗人的门槛太低。所以，最根本的还是要靠美国这套完善的法律制度。

千万不要小看资本市场创造财富的能力，现在全球主要的财富共识，其实就是靠华尔街建立的。陈志武教授说美国金融资产的总额大概是它的 GDP 的 10 倍（2006 年），美国很多家庭一半以上的财富是金融资产[一]。当然，这跟许多中国人的财富概念确实差别很大。

国内曾有一位高级别的金融研究人士跟我讨论，他认为华尔街就是玩击鼓传花，对此不屑一顾。我跟他说，人家的击鼓传花为什么玩得下去？因为有科技创新。所以，硅谷和华尔街，应该说是美国财富帝国的两大支柱。硅谷支持创新创业，美国有最好的大学，能不断吸引全球最好的人才，不断产生新的思想，创造出新的技术和新的理念。新的公司建成后又到华尔街上市，这实际上就是在为美国和全球创造财富共识。

它确实是个击鼓传花的游戏，但是它永远都能玩下去，除非哪一天人类的创新停止了，目前看来这不可能。只要创新不息，华尔街用

[一] 陈志武.金融的逻辑[M].北京：国际文化出版公司，2009.

金融市场、资本市场变现未来财富的套路就会始终是全球财富共识的价值支撑。苹果公司的市值曾经达到过一万亿美元以上，既不是苹果公司占有了多少土地、黄金等稀缺资源，也不是因为美国苹果每年有多少手机产量，最根本的原因是大家相信它未来的创新能力。乔布斯是一个标杆，大家相信他的梦想。这个梦想通过资本市场形成了一个财富共识，价值一万亿美元。

这和中国房地产作为财富共识遵循同一个底层逻辑。我很佩服厦门大学的赵燕菁教授，他研究得最透彻。他的基本观点就是中国的房产是城市发行的股票，实际上是一种变现未来的金融工具，它的价值锚定在中国城市发展的未来收益，是中国当前主要的财富共识。

第三原则：大规模交易原则

欧科集团的创始人在2013年告诉我：如果一个数字资产在交易所的交易量上去了，那么它升值的概率就很大。

再以中国的房地产为例。其实房地产是一个比较奇怪的例子，它横跨了历史上财富共识创造的好几个阶段。第一，它具有一定的物质稀缺性。房子不是能随便再生的，不像草那样自己就能长，它依赖于土地、建材等资源，尤其土地是稀缺资源。第二，它也有使用价值。房地产商盖出房屋，表面上看它也跟工业产品一样进行销售，也会创造产品利润，但直到1998年发了房产证，住房真正私有化，被确权并且形成了房地产资本市场，可以大规模交易后，它才变成了中国人民变现未来财富的工具，才有了目前这么高的房地产市值。

实际上房地产在中国早就金融化了，因为它得到了确权，作为个人财产受法律保护，而且可以大规模交易。世界各地的房地产都一样，中国香港地区、日本、美国都是如此，这本来没有什么特别的。中国的房地产其实为中国经济的腾飞贡献了巨大的助力，中国人民也进入了一个靠未来愿景形成新的财富共识的时代，这些信用资源极大地促进了我国整个经济尤其是互联网经济的成长和繁荣。

整个自由市场实质上就是一个分布式计算系统，每次交易都相当于一次计算。理论上财富信用越充足，自由市场运行得越好，交易越频繁，越广泛，这个社会的分工水平就越精细，就会越发达、繁荣，越有创新的土壤，这是发达国家几百年来已经走过的路。中国改革开放40年来不外乎又一次验证了这一规律而已。

全体中国人民这20多年来靠着房地产的确权和大规模交易，靠着对中国未来经济发展的乐观预期，创造了一个巨大的财富共识。中国的房地产行业走到今天，谁也没有料到，甚至政府也没有提前规划，它就让中国人形成了一个强大的财富共识。大量信用资源注入中国经济，它们的价值锚定着中国经济的未来。因为长达20年里中国经济都在蓬勃发展，年增长率都在10%左右。这种预期通过房地产的大规模交易形成了全新的、强有力的财富共识。当这种财富共识注入其他经济领域，又让中国的市场经济实现了高速的增长，包括近年来互联网经济的繁荣。

讲清楚后面这一点的是北大的唐涯教授，她有一个视频节目很有意思，我看了好几遍，题目叫作《笨蛋，一切都是货币》。表面上看，资产大规模交易，房价水涨船高，但实际上这一切都是在创造财富货币共识。我看很多文章说中国的 M2 增发甚至超过了美国，但中国怎么没有遭遇通货膨胀呢？人民币为什么没有崩溃呢？最根本的原因是人们有了价值支撑，达成了新的财富共识。

我很佩服北大唐涯教授，她的书《金钱永不眠》我也认真读了，还通过朋友拿到了一本她的亲笔签名版。一切都是货币，这是她的名言，在我看来也就是形成了新的财富共识，就相当于货币在市场中流通（按赵燕菁教授的说法，就是通过房地产银行抵押借贷的形式发行了货币）。

你们家拥有了市值上千万元的房产，你要想用钱就很容易，随时到银行抵押贷款，几百万元、上千万元就到手了。这些现金通过消费流入市场，是不是在向市场注入新的信用资源？所以唐涯教授认为，中国的房地产作为一个金融现象，创造了这么多的财富，实际上促进了互联网经济的繁荣。虽然中国有不少传统的经济学家对于炒作和泡沫天生反感,但实话实说,你需要理解从美国华尔街开始,今天全球的财富共识是怎么形成的:它是靠大规模的资本市场交易,借助变现未来的金融市场实现价值锚定和支撑的。

第四原则：科学和技术推进原则

———

从历史上看，很多新技术的出现都会推动全球新的财富共识的形成。

以中国为例，最早的财富共识是贝壳。但是贝壳没有稀缺性，后来，中国在很长一段时间里使用铜钱。中华民族应该是世界上最早掌握青铜冶炼技术的民族之一。

新的财富共识是靠什么推动形成的？显然是靠冶炼技术。原来的贝壳不需要技术，到海边去捡就可以，后来中国人在青铜时代掌握了冶炼技术，因此周子衡先生说中国后来创造了全球最大的铜货币经济。

再后来，随着技术的发展，人类又开始掌握冶炼黄金和白银的技术，尤其是白银。所以，我看到周子衡先生写了一篇文章，据他考证，中国真正参与全球贸易是在蒙元时代。在两宋时期，中央政府有意识地严防铜钱流出[一]，这种政策没有充分利用当时中国相对强大的经济实力，形成全球更广泛的财富共识，从而增强国力，最后败于蒙古铁骑。直到蒙元时代，中国才真正脱离了过去主要靠铜钱形成财富共识的阶段，新的技术推进全球进入了白银时代，真正的国际贸易体系开始成型。

再往后，工业时代有了大规模的生产，显然靠原来的黄金、白银等自然稀缺性重金属形成的财富共识不够了，全球贸易需要新的财富共识。实际上，这也要靠新技术的推进，其中的逻辑关系并不复杂。诺贝尔经济学奖获得者弗里德曼写了一本书叫《货币的祸害》[二]，很详细地讲了一个故事，我看了以后觉得特别有意思。

故事中有个雅浦岛，当地的土著们最早是拿什么达成财富共识的呢？居然是大石头，几百公斤的大石头，换句话说，他们把石头当货币，认为石头就是钱，就是财富，靠大石头达成财富共识。据说大石头都是从几百公里外的另一个岛运过来的。当然，他们后来自己也发

[一] 周子衡.蒙元货币统一与世界经济的诞生[J].金融评论，2016.
[二] 弗里德曼.货币的祸害[M].中信出版集团，2014.

现大石头流通起来很不方便,而且有时候遭遇海啸,大石头在运输过程中还会丢失,这就相当于丢了钱。

丢了石头的自然懊恼,回来一说,村里人还挺通情达理,说你去运这块石头大家都知道,虽然这块石头肯定是永远打捞不上来了,但我们干脆在大家的石头上都记笔账吧,证明你们家曾经有这块石头,我们承认你家还是有这笔财富。

图 2-2 雅浦岛的石币

后面更奇葩的故事发生了。近代，德国侵占了该岛，将它变成自己的殖民地。德国的总督发现岛上的道路状况很差，就命令各家各户必须把路修好，但没人响应。这该怎么办？既然丢的石头都能记笔账，那就说明财富共识还在，总督就打算反其道而行之：通过记账让财富共识消失！如果哪家不修路，他就在哪家的大石头上画个叉，表示这块石头不算你们家的了，不能流通了。

这招挺有效，给几家画"叉"以后，别家都急了：这还得了？我们家好不容易有了几块石头币，这是我们家的财富，他来之后画个叉就不算了？大家马上行动起来，路很快就修好了。

注意，弗里德曼讲的这个故事寓意是非常深刻的。故事讲的其实是人类如何通过记账达成财富共识，并从锚定稀缺的天然自然资源跨越到下一个阶段，也就是记账的。记账让人类达成了新的财富共识，开启了人类财富的新时代。

其实一直到今天，新的财富共识主要都是靠银行家们支撑的。现在银行发的纸币本质上就是记账单位，因为大家都认同这些记账单位，才真正达成了纸币的财富共识。新的记账技术现在又与信息技术结合，这也导致银行现在都是 IT 应用最发达的地方。

所以，一代一代的新技术推动了全球新的财富共识的形成。如果没有全球银行系统，换句话说，没有这个复杂的记账系统，各国银行发行纸币是不可想象的。

到这里，大家就更容易理解区块链的伟大之处了。区块链的本质是什么？是全网记账。按照中本聪设计的规则，全网每10分钟竞争一个合法记账权（账簿就是一个区块），全网谁解出SHA256难题最快，并经全网核对记账无误，全网就会接受谁的记账区块，并且和上一个记账区块链接起来，谁就能得到奖励，这就是俗称的"挖矿"。

区块链是分布式记账，而银行是中心化记账。两者的本质差别是什么？

差别就在：人类通过记账达成共识的成本会急剧下降。我跟阿里研究院的高红冰讨论的时候，高红冰说："银行建立财富共识的逻辑是在最贵的地方盖最高的大楼"。按理说这么干很违反商业常识，商业首先是要降低成本。但是银行必须这么做，为什么？银行要让大家相信它拥有的记账权，就要让大家相信它拥有财富，否则大家就不会承认它发的钞票和信用卡，甚至不会把钱存到银行里去。

而阿里巴巴已经发现，靠个人的大数据显然可以达成新的财富共识。支付宝的本质就是阿里巴巴创造的一套记账系统，由阿里巴巴记账，大家只要上交数据就可以了。支付宝、微信支付确实开启了数据创造财富共识的时代。

但区块链更伟大。挖比特币的"矿工"们与银行反其道而行，银行都在商业中心记账，"矿工"们都往深山老林里跑。我去过甘孜、阿坝、稻城亚丁等地的比特币矿场，都是最偏僻的地方，因为电价便宜，成本低。更重要的是，数字经济时代，账户会从原来以企业账户为中心过渡到以个人账户为中心。原来以企业账户为中心，是因为银行记账成本高，光为个人记账覆盖不了成本。但到了数据时代，经济会开始向个人账户偏移了，这个趋势已经开始了。当然，区块链将开启一个新时代：以个人账户为中心记的账，全球都是可以信任的，是所谓"分布式记账"。注意，比特币是以个人账户为中心的，在比特币世界没有企业的概念。你下载一个钱包，就是一个个人账户，理论上，将来就有可能确权你的数据，产生更多的数据财富共识、更多的数据资产，但记账成本会急剧下降。

区块链正在蓬勃发展，新技术要继续推动每个人的数据确权，让数据受到保护，变成个人资产，达成全球新的财富共识。我坚信世界会沿着这条轨迹发展，这也是这本书的主要观点。

分布式记账成本的急剧下降，实际上为全球达成新的财富共识打开了前景，以比特币和以太坊为代表的加密数字货币在短短十年间形成了全新的财富共识，目前加密数字货币的市值已达几千亿美元（截至 2020 年 4 月），一年后已过万亿美元。这实际上是在把财富共识的形成机制从变现未来收益部分过渡到变现未来愿景。

大幕已经拉开，接下来的行业发展逻辑是什么呢？回顾上几个牛市，2013 年比特币的愿景是发行非国家主权货币，让很多极客兴奋不已。2017 年以太坊智能合约的愿景是经济合约记账可自动进行，中心化机构没法干预，亚当·斯密"看不见的手"可以自动运行。那么未来是什么？未来最引人瞩目的愿景，我认为是区块链上的数据大规模的资产化。

注意，现在互联网上的数据为什么是公有的？因为现在的互联网无法保护这些的数据，互联网的 TCP/IP 协议从原理上就不可能保护每个人的数据。

所以，互联网之父蒂姆·博纳斯·李和毕业于清华的陈榕老师都提出了第二代互联网的概念。

陈榕老师之前就在伊利诺伊大学研究过 7 年操作系统。20 多年前在微软的时候，他就发现，目前的互联网，包括 Windows 操作系统无法保护个人数据，用任何一个 App，数据都会被人拿走。

他后来提出一个理念："上网不计算，计算不上网"，也就是不能让每个 App 自己联网，不能让它拿走用户的数据。2016 年、2017 年我反复跟他讨论，觉得这个逻辑是通的。只要第二代互联网能保护用户的数据，区块链又能把数据确权，让数据可以大规模交易，每个人的数据积累起来就真的能成为全球新的财富共识，这就是陈榕老师创立亦来云时的想法。

而且，现在第二代互联网大旗不光是亦来云一家在扛，美国的 Blockstack 是第一个由 SEC 认定为合规并批准发币的项目，这个项目打的也是第二代互联网的大旗，搞 DID（分布式计算个人身份），让数据私有化得以落地，然后分布式存储，让个人数据资产有了银行。甚至连扎克伯格也喊出了类似的口号，让人隐约看到了未来的主流。

2017年ICO兴起的时候发了很多空气币，我们真正需要长期研究的是它内在的发展逻辑，即这个产业未来的风向标在哪里？2019年8月，我跟世界银行首席安全架构师张志军、腾讯云副总裁王龙，以及星翰达科技的辛卫民（原MSN中国区的CTO）一同在深圳发起了数据资产化运动，瞄向的就是这个风向标。

中国的经济要想再迎来一个黄金发展时期，我认为必须要达成新的财富共识，为整个市场注入新的信用资源。新的信用资源从哪儿来？我认为区块链未来就很可能提供很好的机遇。根据上面的分析，比特币开创了一个时代：第一，数据可以私有化；第二，亦来云这样的第二代互联网可以保护每个人的数据；第三，数据信用资产在区块链上可以实现大规模的低成本交易。

中国如果把未来的财富共识主要锚定在房地产上，那是有问题的。因为房地产和创新不一样，这个击鼓传花的游戏理论上是不可持续的，不管是在中国香港还是在日本它都终止过，并且造成了很大的社会问题。因为房地产本身就非常依赖土地、建材等自然稀缺资源，它的总量是有限的。而且更重要的是：如果光靠房地产达成财富共识，某种程度上就会严重抑制了创新。

道理很简单，如果靠买房子就都能致富，我们就等着它升值，创造财富共识，还要创新干什么？要是社会上的年轻人都有这种心理，都躺在房地产上等着房屋升值，等着房地产达成更多、更新的财富共识，那这个社会还有什么创新的动力呢？

美国华尔街的财富共识就不一样，它主要靠创新。美国资本市场的财富共识有两点保障：一是比较完备的法律体系（某种意义上，立法和执法也算技术，陈志武教授就在他那本《金融的逻辑》中反复强调，美国资本市场的繁荣在很大程度上仰赖它的法律体系，后者在世界上是最为先进的）；二是美国有硅谷，有最好的大学，形成了一套创新的体系。

所以，中国现在正面临财富共识的大转型，孟晓苏老师的文章也谈到过，中国传统的房地产财富对于经济的推动作用已经快走到头了。

第五原则：信息充分交流原则

首先提出这一点的，同样是陈志武教授。他写的《金融的逻辑》，相信是中国很多人，包括我在内的金融启蒙读物。

这本书里面谈到了变现未来收益的一个重要原则，那就是信息要充分，要公开透明，要对称。

因为变现未来的财富共识要依赖信用，信用其实是很脆弱的。特别是涉及变现十年、二十年以后的收益时，凭什么敢相信它？凭什么敢相信这中间不会违约？这就需要信息的充分披露，需要社会有充分的新闻自由和大量独立媒体。

陈志武教授说："受法律保护的开放的新闻媒体是市场经济发展的必要制度机制，也就是说，如果没有媒体的自由监督，市场经济发展到一定的阶段就要出问题，就会出现市场关闭的现象。"

纽交所形成目前财富共识的规模用了超过两百年的时间，但是比特币大概率 2021 年就能达到纽交所十分之一的财富共识规模，这只用了十二年。这其中非常重要的原因，就是比特币底层的区块链技术，是一个透明公开又保护个人隐私的账户系统。上万个节点，公开记录每一笔账，这种机制好几次都为我挽回了巨大的损失。

第一例，大概在 2014 年 9 月份，当时中国币圈有两个大咖，赫赫有名的"暴走恭亲王"和"咕噜"，后者就是现在币乎的创始人，海归博士。当时，他突然让我赶紧到上海来，有要事谈。我当时按计划行程没决定到上海，本来计划是去杭州，说阿里巴巴海外购平台搞了一个活动，去交流一下。我没打算在上海落脚，但是，当时"暴走恭亲王"他们就说韩老师一定得来，后来我就改变了一下计划，在虹桥落一下脚，因为杭州离上海很近，我说我给你们两小时，就在虹桥火车站。

他们和我谈什么？谈比特股（BTS），当时我完全蒙在鼓里，不知道比特股是什么，"暴走恭亲王"就介绍比特股可不得了，比特股的创始人是谁？赫赫有名的 BM（网名 Bytemaster 的缩写，真名叫 Daniel Larimer，即丹尼尔·拉瑞莫），专门兴风作浪、喜欢创新的人，而且拉的都是中国币圈最顶级的大咖一块干，李笑来给他投资 50 万美元。

然后聘请沈波，后来以太坊 Vitalik 幕后的"吕不韦"，给他当 CEO，在洛杉矶搞了一个团队。然后，"暴走恭亲王"给他们扛国内的市场大旗，当然后来这些故事是李笑来跟我吃火锅的时候，才把后面整个的背景说清楚的。

2014 年，比特币的熊市开始了，比特币从最高峰的时候 8000 元左右，一下掉到了 2000 元左右，挺惨的，跟前两年（2018 年，2019 年）币圈的这一轮熊市差不多，甚至比这更惨。但是，当时比特股异军突起，吸引了一大帮人，有点像 2018 年的 EOS。所以，当时比特股一下在整个币圈，不光是在中国，全球都是声名鹊起。

当时，杭州有个宋欢平，他后来不在币圈了，他是专门研究哈耶克的，后来他也跟我说比特股真是开天辟地的。实际上现在说起来比特股的创新，能延续下来的概念有两点：第一，DPoS 机制，后来包括亦来云等很多公链其实都在采用，甚至以太坊据说也要采用；第二，稳定币的概念，当然现在搞的最大的是 MakerDAO。不管怎么说 BM 这个人是非常有创新能力的，这些金融概念让币圈耳目一新，当时觉得比特币那么厉害都要不行了，总得有新概念玩。

"暴走恭亲王"拉着我干什么呢？因为当时我作为学术圈的代表，

不仅能写文章，还能到大学里到处讲课。所以，他们决定一定要把我拉进比特股，好造舆论。我印象很深刻，当时"暴走恭亲王"的言语是多么的动听，"暴走恭亲王"是在币圈里很少的有金融理论功底的人，我很佩服他。据说，他还是沈波的徒弟，所以当时给我讲比特股，那讲得真是头头是道。后来 2015 年我也跟"暴走恭亲王"他们一块编译了中国第一本区块链的书。

我印象最深的，倒不是说他对比特股夸得有多么好，而是说比特币怎么不行了。他当时的论据说得非常充分，他说你看现在比特币的价格已经到了矿工的挖矿成本价以下了，这意味着什么？这意味着矿工新挖出的比特币为了交电费，都不得不在市场上抛掉。他说光凭这个抛压就足以把比特币的价格砸到 1000 元以下。注意，他说的这个事真的在 3 个月以后发生了，2015 年的 1 月份，比特币就真的砸到了 1000 元以下。所以，"暴走恭亲王"还是相当有前瞻性的，它的理论在某种程度上还是正确的。

当然，他的意思反正是说比特币肯定是没希望了。以前专门写比特币行情分析的"大师姐"也不写了，公开说比特币不看好了。那转向了什么？现在就猛捧比特股，拉比特股的大旗，跟我说比特股怎么好，BM 这个人是未来的希望。我当时就是一币圈新人，新人犯的错误几乎全都犯过。当时,被他们这么一说,我银行卡里一共也没有多少钱,还真就全部拿去买了比特股。

当时的价格,我买的时候大概 0.3 元左右。当年它最高冲到了 0.5 元多一点,但是已经回落到 0.3 元左右了。买完比特股了我自然就把比特股钱包下载了下来,了解一下它怎么在上面发行资产,怎么创造稳定币,结果一用很快就发现上当了。比特股钱包难用就不要说了,从来没用过那么难用的一个软件系统,有生以来没遇见过。然后,我就在网上各方面搜集了一些比特股的信息,很快发现是真被骗了,想了两个晚上,马上就把手里的比特股全都抛掉了。这个操作历史证明极其正确,当时只损失了大概 3000 元,否则的话那一把估计都是损失至少几十倍,而且完全不会有后面正确的操作了。

抛掉比特股以后我当然再也不关心比特股了,果然比特股的价格后来直线往下掉,创造这么一个新的概念,运行系统又不行,后来又是熊市,所以大家都知道它的结局,这两年熊市大家也看得多了。最后掉到多少呢?不到 0.02 元。一看不到 0.02 元,我心里非常庆幸,第一次发现自己有金融家的素质,不会轻易上当。

但是后来,因为我不断跟上海币圈大咖交流,"达叔""Tony

Tao""初夏虎"等人又总跟我讨论比特股,告诉我 2016 年的那个系统现在好用了。后来 BM 也退出去了,上海的"巨蟹"也当选理事了。是不是比特股开始靠谱了?是不是它真有价值?现在跌得这么惨是不是就是机会啊?后来我还真问"暴走恭亲王"了,给他发微信,说这个比特股现在应该是最低点了吧?"暴走恭亲王"回答:"严重被低估了。"这次我信了,手里钱也不多,不过如此便宜了,0.02 元左右,二话不说买了几百万个,也花不了多少钱,后来就放在那儿也就不管它了。

到 2017 年牛市,那天在比特时代平台顺便看一眼,比特股已经 2.5 元了,涨了多少倍?大家可以体会一下那个心情。但是,我居然把钱包的用户名、密码什么的都忘得精光,怎么也查不着,因为放了差不多一年多,这事几乎就忘了。这一下子我有点着急,现在不是小钱了,所以赶紧就跟"巨蟹"他们联系。让他找个技术专家看怎么解决我的问题,我这有几百万个比特股呢。"巨蟹"就赶紧请技术专家帮我解决,却无从下手。我后来左思右想,突然想起了用户名和密码。

所以,区块链的世界我是深刻地领会了,信息公开透明多么重要。信息如果在第三方手里丢了的话,你还真没办法,所以不管怎么样信息要掌握在我们自己手里。所以,我当时二话不说,就在比特时代平台上把这所有的比特股统统变现成比特币,当时应该是一下子挣回了200个比特币,印象特别深。

后来,我的体会越来越深,其实币圈中出现的骗局一点不比别的行业少,但是为什么还是有越来越多的人想加入持有数字资产?区块链上交易信息的公开透明起到了非常大的作用。

第六原则：分布式计算原则

从全球财富共识的发展历史来看，不管是早期的贝壳还是后来的黄金、白银，世界上大部分财富共识是通过自由市场的分布式计算形成的。近代银行靠复式记账和国家主权背书来发行法定货币，只有相对很短的历史。

财富的概念本质上是全球信用共识，一种分布式计算的自由市场机制能消除中间人作恶的风险，让全球人类更容易达成共识。第7章我将详细分析，一个哈耶克式的自由市场，等同于一个麦克斯韦妖分布式计算系统。

区块链加密数字货币的发展更证明了这一点，比特币的创始人中本聪的失踪，完全没有影响比特币后来成为全球信用共识，甚至很多人认为中本聪的失踪对于比特币形成全球共识有非常重要的意义。

最近,加密数字货币界很火的 DeFi(Decentrlized Finance)项目,也证明越是彻底的分布式计算,越是开源代码,公开透明,无预挖、无核心的项目,越容易在市场上形成全球共识。

第七原则：适应政府监管原则

政府的监管是人类社会正常运行所必需的公共服务。财富共识的巩固也离不开政府公共服务的支持。历史上，不管是银行的财富共识还是资本市场的财富共识，开始时都经历了非常脆弱、容易崩溃的局面，正是由于后来政府充分认识到这种财富共识对于整个社会和市场的重要性，不断完善了监管体系和法律制度，这些财富共识才逐渐稳定下来。所以，区块链数据财富共识未来能否稳固，与政府能否科学监管是密切相关的。

正是执行这七大原则的条件不断成熟，让人类在全球范围内不断达成新的财富共识，从早期的贝壳、金银，到信用纸币，到基于科技不断创新的未来收益变现，再到分布式区块链记账系统的伟大创造，人类开始进入基于愿景、社区、数据达成财富共识的阶段。信用资源的充足供应，让全球自由市场交易越来越发达，把人类分工和文明不断推向更高的境界。

区块链国富论
论全球信用
算法共识的
未来财富

第 3 章　中华文明
与财富共识

上一章，我们总结了全球财富共识产生的七大原则，这一章我们结合朱嘉明老师的著作《从自由到垄断：中国货币经济两千年》，来梳理一下中华民族为何在古代曾多次处于全球财富共识的舞台中央，创造了数个人类文明的高峰，却又在近代被全球财富共识的主流边缘化，在一百多年里积贫积弱的原因，以及在数字经济和未来区块链时代，中国又为什么面临巨大的参与创新全球财富共识的机会。

我们在撰写本书的过程中，从朱嘉明老师那里受教甚多。朱嘉明老师从货币经济的角度梳理人类的经济史，主要梳理了中国两千年来的经济发展轨迹。他的理论基础是哈耶克彻底的自由市场经济理论，同时也吸收了凯恩斯的一些经济思想。朱嘉明老师认为中国经济发展史上既有自由也有垄断。他的作品改变了我原来的一些肤浅认识，最根本的是驳斥了一个流传甚广的观点：中国的自由市场经济是西方的舶来品。

当然，西方出现了亚当·斯密及其《国富论》，首先倡导自由市场经济（看不见的手）；后来又出现了哈耶克这样更彻底的自由市场经济理论，反对国家对市场进行过度干预，当然更直接反对计划经济；再后来又出现了布莱恩的复杂经济学和哈耶克的非国家主权货币理论。整个自由市场学术体系，我们都跟在人家后面学习，这些理论无疑给了我们非常大的启迪。但朱嘉明老师通过大量明确的史实数据和研究澄清了重大误解之一：市场经济不仅仅是现代的经济制度。"市场经济并不限于19世纪或20世纪这些年代，也不以民主的政治制度为先决条件。只要私产制存在，经济财货的所有权分散在众多的单元中，就会形成市场经济，可以有古代的市场经济，也可以有现代的市场经济。中国历史就是明证。"㊀

㊀ 朱嘉明. 从自由到垄断：中国货币经济两千年[M]. 台北：远流出版事业股份有限公司，2012.

中国古代市场经济的繁荣和财富共识

朱嘉明老师说过:"从政治的角度来看,中国历史是治乱相替的政权兴亡史,但是从货币经济的角度观之,看到的却是绵延两千年的货币制度、稳定的物价与积累于民间的货币财富。"㊀

有人可能认为中国古代大部分时间是皇权专制,不大可能拥有繁荣的自由市场。其实,古代专制的社会固然会干涉和阻碍自由市场的发展,但今天西方的民主制度,实际上也产生了很多机制,不利于它的运行,如过度的福利制度就会抑制竞争。所以,自由市场对制度的依赖并不是绝对的,我们应该更科学、更客观地看待整个人类历史的演进。

所以,朱嘉明老师的这本书的前言里就有这么一句话:"放眼世

㊀ 朱嘉明.从自由到垄断:中国货币经济两千年[M].台北:远流出版事业股份有限公司,2012.

界，只有中国的传统货币经济维系了2000年，从未中断，成为中华文明久远而独立的重要象征。"我觉得这句话是他贯穿了整本书的思想。

图3-1 《清明上河图》

亚当·斯密在《国富论》中也说："中国长期以来是世界上最富裕的国家之一，也就是说中国是世界上土地最肥沃、土地耕种得最好、人民最勤劳、人口最多的国家之一。"朱嘉明老师指出，历史上中国能成为世界上农业经济最发达的国家之一，恰恰是由于当时中国有最发达的农产品自由市场。"《易·系辞传》：'日中为市，致天下之民，聚天下之货，交易而退，各得其所。'也就是说，在两千多年前，中国的标准小农在种粮食而不是经济作物的情况下，三分之二的产品都要进

入市场流通领域。"㊀ "起码从战国开始,中国已经形成了一个以私有产权及小生产单位为基础的小单元经济。"㊁

正是由于有了早熟而相对发达的自由市场经济,"汉、唐的京城在人口数量、市场面积、商业规模上,都达到了古代世界的顶峰。"㊂ 尤其唐代长安是和古罗马城齐名的人口过百万的国际大都市。

相对发达的自由市场经济无疑需要充分的信用资源,尽早达成财富共识。因此,中国古代很早便发生了财富认知革命。中国古代曾经经历了一个以贝壳作为财富共识的早期的认知革命阶段。注意,贝壳是一种几乎没有任何使用价值的物品,贝壳成为一种财富共识意味着人们产生了认知抽象,超越了具体的使用价值达成了财富共识。

图3-2是苏州基金博物馆展示的一些古代贝币,现在看来,它们主要是有一定稀缺性的深海贝壳,不是随便在海滩上就能够捡到的,

㊀ 朱嘉明.从自由到垄断:中国货币经济两千年[M].台北:远流出版事业股份有限公司,2012.

㊁ 赵同,陈钟毅.中国经济制度史论[M].台北:联经出版事业公司,1989.

㊂ 朱嘉明.从自由到垄断:中国货币经济两千年[M].台北:远流出版事业股份有限公司,2012.

早期财富共识无疑锚定了自然资源的某种稀缺性。

朱嘉明老师在书里也提到,在《尚书·洪范》成书中有"八证"的说法,"八证"其中有一"证"就是"货",指的就是货币。所以,朱嘉明老师得出的结论是,中国的货币经济始于夏商,也就是3000多年前。

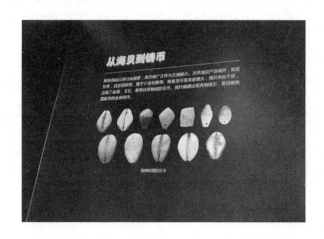

图 3-2 从海贝到铸币

在贝币以后,中国进入了铜钱时代,这个时代延续了2000多年。铜钱应该主要起源于中国,这得益于冶炼技术的进步,《哈佛极简中国史》里就明确提到,商代青铜器的精美程度在青铜时代冠绝世界。

这样发达的冶炼技术，给当时的中华民族提供了能达成铜钱财富共识的技术支撑（详见第 2 章），中国因此率先进入了铜钱时代，中国的财富共识开始影响全球市场。经朱嘉明老师考证："在宋代，通过宋船带给日本的大量铜钱支撑了日本的平氏政权，成为促使日本社会改变的主要原因。在日本出土的钱币中，中世纪前期约有 88%，后期约有 67% 是宋钱。"[一]但由于古代的财富共识基本上都会锚定稀缺的自然资源，所以，一方面中国不断为全球财富共识的达成做出贡献，另一方面国内却很容易形成钱荒。

到了元朝，由于当时的蒙元政府抽调了大量白银资源到中亚市场，中国的自由市场发生了信用资源匮乏。当时元朝政府借鉴了在四川成都民间发行的纸币，也就是交子（宋朝已有发行），达成了新的财富共识。这是世界上第一种纸币形式的财富共识。

因为纸本身没有天然稀缺性，不受自然资源总量的限制，这种财富共识水平显然更高。现在全球运行的纸币系统是相当复杂的一个银行记账系统，需要国家信用背书以及大量的工业利润支撑。在元朝，

[一] 朱嘉明.从自由到垄断：中国货币经济两千年[M].台北：远流出版事业股份有限公司，2012.

很多这种条件都不具备，但是交子仍然诞生了，这在当时创造了奇迹。但是当时财富共识的算法仍然和现代有很大差距。

据说马可波罗当时不远万里从欧洲来到中国，不仅惊叹于市场文明的繁荣发达，对于居然靠纸钞就能达成财富共识也表示惊叹，因为他觉得当时在欧洲这是完全无法想象的，欧洲那时候连金属货币都还停留在可用可不用的阶段。所以，中国在技术上，在自由市场的早熟程度上，应该说在古代是走在世界前列的，也经常主导了全球信用共识的达成。到了白银时代，虽然中国的白银产量并不非常大，但是当时（尤其在明朝时期）整个民间市场开始达成以白银为载体的财富共识，因此白银就成了国际贸易的硬通货。

实际上这个过程不是由国家主导的，所以哈耶克认为非国家主权货币应该由民间自由市场产生，这是个新理论，但早已在中国实践了上千年。一旦中国的市场在白银上达成了财富共识，对世界市场和贸易就会产生巨大的影响力。

历史证明：中国人善于在经济中发挥市场的机制，来达成新的财富共识，创造文明和繁荣。明朝初年，郑和下西洋在某种程度上也是为了发现和开拓国际贸易关系。当时郑和的船队在技术水平、团队规模、管理能力上都远超几十年后的哥伦布和麦哲伦。在某种程度上，这也是中国当时的市场状况和财富规模的反映。

下面，我们可以总结一下中国古代繁荣的自由市场在达成财富共识方面有哪些优势：

第一，中国从周朝起就有了较为完备的私有制，尤其是土地私有制。我们在上一章中指出，财富共识达成的第一原则就是要有私有制，要有对个人财产的充分保护。朱嘉明老师说："中国的地主制度不同于西欧的封建领主制度：一，中国土地私有制早熟，使得土地买卖成为可能。商鞅变法，废井田，开阡陌，政府认可私人的土地所有权。从此，土地可私相授受，交换，也可以作为赔偿他人损失的物品。而相形之下，西欧的领主制土地，王侯按每个人所处等级分封土地，实行严格的领主长子继承制，等级所有制稳定。所以，西欧农田买卖起来远比中国的困难。"⊖

第二，中国人喜欢做生意。大规模交易原则往往让中国人在全球

⊖ 朱嘉明.从自由到垄断：中国货币经济两千年[M].台北：远流出版事业股份有限公司，2012.

共识的形成过程中占据先机，就连现在的比特币交易市场，中国人都经常在交易量上占有绝对优势。

第三，中华文明在古代长期为全球市场供应高附加值产品。许多产品都是中国独有的，如丝绸、陶瓷、茶叶，在古代，这些就像今天的芯片一样，技术附加值非常高，深受全球消费者欢迎。按照财富共识的价值锚定原则，中国古代自由市场的财富共识很容易主导世界。

第四，在财富共识的技术支撑方面，中国古代的金属冶炼技术，尤其在商朝，走在世界前列，所以中国很快进入了铜钱时代。但用铜钱做财富共识有很不利的一面，铜作为金属耗材自然稀缺，同时铜本身就有很高的使用价值。铜钱时代一旦遭遇通货膨胀，铜钱的价值低于铜本身的使用价值，就会造成民间大规模地将铜钱制成铜器并流入市场。这对自由市场是非常不利的，因为这会让市场闹钱荒，让经济衰退。

第五，中华文明在古代有相对发达的文字和信息传递系统，这在世界上也是独一无二的。充分的信息披露和交流对财富共识的达成是至关重要的，今天，这种交流主要靠媒体，但在古代无疑只能靠文字，纸的发明让中国在交流方面更具优势，这也就是为什么中国达成了财富共识，最后能为世界，尤其为整个东亚地区服务。

第六，中华文明的文化传统，尤其是儒家传统虽然推崇专制，但对民间自由市场比较宽容，这跟强调中央集权的法家形成了鲜明的对比。抱有儒家思想的官员更倾向于保护民间自由市场的交易行为，包括民间的财富共识。虽然理论上自秦始皇以后，中国都是一个中央集权国家，但是由于历史上交通和通信技术并不发达，中国实际上是按儒家的传统，以家族为单位来进行社会分工管理的，是一个相对接近分布式自治的体系。

我在深圳跟朱嘉明老师讨论的时候，聊到了一些很有趣的例子，比如万历皇帝几十年不上朝，但朱嘉明提到：当时的中国经济运行得非常良好，所以皇帝不上朝其实没有关系，自由市场会按照自己的去中心化原则运行。所以万历皇帝很像美国的第三十届总统柯立芝，奉行对市场不干预政策，无为而治。据说，柯立芝每天要睡十个小时，但其任期内美国经济突飞猛进，是所谓"咆哮二十年"（Roaring Twenties）。

为什么近代中国在全球财富共识中被边缘化

有一个问题我们无法回避,那就是:中国为何在近代的全球财富共识中被边缘化了?

根据我们了解的历史资料,以及朱嘉明老师的作品给我们的启发,可以总结以下几点:

第一,近代资本主义自由市场推崇的是个人,而儒家推崇的是宗族血缘关系。

自由市场是一个分布式去中心化的计算系统,靠"互通有无,等价交换"的基本规则运行,交易最顺畅的状态无疑是个人与个人的交易。而中华文明儒家思想最核心的概念不是个人,是家庭宗族,以及推而广之的整个社会伦常。儒家就认为整个国家就是一个大家庭,是一个分层级的架构。在历史上,这个架构在某种程度上也支持自由市场,但家族势力在中国传统社会非常强大,在很多方面都会阻碍自由市场的运行。

第二,自由市场要求交易的双方天然平等,相形之下,儒家核心思想是家族血亲伦常,君君臣臣父父子子,跟自由市场的平等交易原则存在着内在的结构冲突。

第三,在中国古代,皇权多次对自由市场实施过分的干涉和打压。将本来民间已经形成的财富共识人为地消灭,实际上非常容易造成市场经济的衰退萧条。同样的事在民国时代也曾发生。"废两改元"断绝了法定货币和民间财富共识的联系,最后让仓促发行的法币和发行它的政权一起以失败告终。

第四,近代中国没能通过"数字管理"达成财富共识。黄仁宇先生关于这个问题有非常独到的见解和研究,他的一个重要结论就是近代中国经济一直没有进入数字化管理,他觉得资本主义社会最核心的就是数字化管理。我觉得他看得很透,所谓数字化管理,就是用复式记账法管理交易,企业通过自己的资产负债表征信,最后通过银行借贷产生新的财富共识。近代中国没有往这个方向走,也没有发展出现代银行,没有为社会创造新的财富共识的金融机构,最后没形成发达的资本市场,所以,近代中国一直停留在锚定稀缺自然资源建立财富共识的阶段。类似英国工业革命这样生产力的大规模爆发,没有在近代中国发生,就是因为民间财富共识不足。

第五,也是最核心的,是中国文化,特别是儒家文化,从来没有建立自由市场的本体论。亚当·斯密之所以伟大,就是因为他为人类提供了社会发展的一套全新的本体论。所谓本体论,关注的是社会进步最根本的依据或者原理。亚当·斯密认为答案是自由市场,《国富论》就说了这一件事:只要大家能够自由合法地交易,互通有无,等价交换,就能实现更好的分工,更优的资源配置,让社会更发达,经济更繁荣,也会有更多的财富或者说财富共识产生出来。

中国传统的文化里没有这种本体论,黄仁宇先生在他的《中国大历史》中明确指出,一个儒家政治哲学指导下的政府从来没有把追求一个完善的自由市场当作社会终极目标。直到十一届三中全会,中共中央才明确提出"以经济建设为中心"。经过了40多年的改革开放,我国的自由市场实践已经创造了巨大的繁荣,这是一套新的社会本体论的建立过程。

从财富共识上看龙的尾巴为什么那么长

李光耀先生在他第二本英文回忆录中花了很大篇幅讨论中国,用了一个意味深长的篇名:"龙的尾巴特别长"。他在回忆录中写了几件让人印象深刻的事。一是他刚当总理的时候,为了把新加坡建成国际港,坚定推行英语优先的语言政策。当时新加坡既有英语为主的学校,也有所谓华校。一次他访问英语学校的时候,看到一群西化严重,贪图享乐的富家子弟,认为他们不代表新加坡的未来,立即决定把自己的孩子都送到华校接受教育。二是20世纪80年代他访问中国,访问期间游览长江三峡,他生动地描述了自己看到的锦绣河山和自己当时的感受:中华文明拥有极强的生命力,虽然经历种种婉转曲折,终将流向自己光明的未来!

正是由于李光耀先生对中华民族的精神有着深刻的理解,所以找到了和现代文明主流的交汇点:就是市场经济。中国改革开放四十多年,同样证明了这条路径的成功!中国人自己的精神不能丢,同时我们愿意融入全球市场大家庭，这是真正的繁荣富强之路。

白银时代，中国与全球财富共识的主导权失之交臂。面对未来的区块链数据财富时代，中国有没有机遇？我们认为是有的，原因如下：

第一点，市场精神已经在中国扎根了，虽然现在围绕市场经济的争论仍然没有停息，没有人还会彻底反对市场经济，这很显然。

第二点，中国社会现在相当崇尚科学，在现代教育体系中高度重视数理学科，因此新时代的新科技，包括利用算法运行的数字经济和区块链技术，在中国也就更容易被接受。

第三点，中国在互联网经济的很多方面已经走在世界前列，特别是积累了最大量的大数据，成为互联网数据的超级大国。未来如果数据能够私有化变成财富，中国人参与全球数据财富共识的建设就将是近水楼台，得天独厚。

第四点，中国民众现在对于参与新的数据财富共识的建设有着极其高涨的热情。以比特币为例，在挖矿、交易和应用方面，中国人都投入了相当巨大的资源和精力。中国政府也对区块链技术高度重视。

历史的车轮滚滚向前,但让我们看到的风景却常常峰回路转。对于未来,我们有着高度的自信,由于中国民众的积极参与和技术的不断创新,中国将在全球数据确权和新财富共识的建设方面发挥越来越重要的作用。

区块链国富论
论全球信用
算法共识的
未来财富

第4章　从数字经济到加密数字货币

我在深圳多次听朱嘉明老师讲到一个观点：在中华文明历史上，有两次主导全球财富共识的大的机遇，一次是失之交臂的白银时代，一次是本章要重点讨论的区块链数据财富时代。这一章我们要讨论的主题是在数字经济时代，尤其有了区块链技术之后，是否会诞生新形式的财富共识。

数字经济交易大爆炸与创造新财富共识的前景

现在很多交易都数字化了,连吃个饭都在网上订餐。数字经济的本质是什么?我觉得阿里巴巴专家委员会的成员、中国社会科学院金融研究所的研究员周子衡讲得非常深刻。

周子衡先生写了一本书叫《账户》。他最根本的观点是:继英国工业革命引爆生产力之后,数字经济让人类终于引爆了交易,完成了交易的革命。事实的确如此,如果没有当初的工业革命,没有大规模的工业自动化生产,产品没有源源不断地从工厂里产出,全球的贸易繁荣,包括现代文明是不可能建立的。按照亚当·斯密的观点,自由市场推动人类文明是靠大规模的交易完成的,有了大规模的交易,才有大规模的协作,才有不断细化的分工,也才有日新月异的技术变革。但事实不止于此。周子衡独具慧眼地指出:对全球自由市场而言,生产大爆炸以后,交易的滞后就慢慢凸显了。在没有互联网经济时,交易仍停留在一手交钱一手交货的农耕时期的水平,虽然生产实现了自动化,交易却并没有实现自动化。周子衡认为全球经济后来几百年间的一个主要问题就是交易滞后的问题,他甚至认为美国的经济大萧条在某种意义上也是由此引发的。

就比如美国经济大萧条时期的倾倒牛奶事件,是由于生产大爆炸,牛奶生产得太多了,喝不了?绝对不是这么回事,事实是牛奶的销售端太落后了。我们都知道,牛奶从牧场到超市中间需要经过很多道处理,包括杀菌、保鲜、包装,整个过程还得冷冻。按照当时的状况,后面这些处理都无法实现,所以牛奶根本就销售不到100公里以外的地方。一方面牛奶生产出来了,另一方面销售端太过落后了,导致奶农们只好倒掉牛奶,大家可以想象,牛奶厂很快就会倒闭,这无疑对经济构成了巨大的打击。

这就凸显了全球市场的一个矛盾,生产端在不断地提高效率,不断实现自动化,但销售端却停留在农耕时代,还是一手交钱一手交货,遍地都是杂货铺,周子衡称之为柜台经济。虽然后来慢慢有了大一些的商场、超市,但本质没变,不外乎还是柜台经济,还是一手交钱一手交货。柜台不能24小时交易,而且是有确定地点的,不可能在全球哪个地方都可以交易。虽然工业革命解放了生产,但交易依然严重受限，交易量是稀缺的。

图 4-1 美国大萧条时期，由于生产和销售端的资源和模式不匹配，牛奶产出后被大批量倒掉

周子衡指出，由于人类经济生活在历史上一直强调生产，几乎所有的经济资源都与生产端对接，所有的资金、技术都往生产端堆砌。但交易被长期忽视了，这是市场经济运行中很大的问题。

实际上，整个世界经济一直受困于此。周子衡指出，直到互联网经济兴起，网络交易成长起来，这个问题才开始得到解决。马云当初创办阿里巴巴的时候提出了一个口号："让天下没有难做的生意。"这个口号似乎没什么特别，但现在看来，阿里巴巴之所以能成为互联网经济的翘楚，不是偶然的。"让天下没有难做的生意"意味着什么？意味着发起了一场交易的革命。事实上，亚马逊和阿里巴巴 20 年的发展史改变了整个交易的历史。按周子衡的理论，人类终于在生产大爆炸之后迎来了交易大爆炸，交易可以 24 小时进行且完全不受环境影响。整个社会都因互联网交易而改变了面貌，大家的衣食住行、学习、娱乐都改变了很多，一众应用如爱彼迎、优步、滴滴强势崛起，有人甚至说高铁都与互联网交易有关，因为只有高速的物流才能跟得上这么大规模的交易。周子衡的《账户》可以说真正把数字经济 1.0 发展的脉络梳理清楚了。（后面我们会解释什么是数字经济 2.0）

按照这个趋势，交易在越来越大规模地实现自动化，交易越来越靠算法驱动，柜台经济在转向平台经济。《账户》指出了一些更重要的现象：经济运行的核心从企业账户开始转向个人账户，大规模的交易开始主要由个人账户完成。

以前个人交易很困难，整个社会的主要交易都是企业完成的，银行主要为企业账户服务。银行锚定工业利润，以借贷关系记账，创造财富共识，发行纸币。央行发行的法定货币以国家信用背书，这些法定货币也需要锚定财富共识，没有充足的工业利润，它们的价值就无法支撑。所以我们可以认为工业时代的财富共识主要是围绕企业的，银行，甚至整条华尔街都主要为企业服务。

注意，传统银行金融业务的主要逻辑是：财富共识来自企业，特别是国家与企业的合作。大型央行和大型企业在为整个国家、整个经济创造财富共识。但周子衡认为：互联网经济引爆交易后，与工业时代最本质的区别是什么？除了交易自动化以外，最根本的区别就是原先财富以企业账户为核心，现在开始转为以个人账户为核心了。每个人都有账号，而且是不止一个账号，经济开始围绕个人账户运行。2019年中国移动支付的体量已经达到了100多万亿元人民币，这已经是一股不可忽视的力量了。

达成以个人数据和账户为基础的
财富共识是未来趋势

接下来我们自然就要研究一个非常敏感的问题,所谓互联网经济要这么发展下去,像周子衡在《账户》中所推演的那样,未来的财富共识是不是可以围绕着个人账户来达成?

这个问题是有点石破天惊的,因为这个问题在某种程度上是不那么敢问的。为什么?因为现行的整个金融体系遵循一套不同的逻辑,它能否过渡到锚定个人数据和账户,是很值得思考的。

实际上阿里巴巴和腾讯等先行者已经意识到:新的财富共识有可能围绕个人账户达成,它们都拥有海量个人账户。注意,这些个人账户上不光有钱,还有过去没有的东西——大数据,也就是围绕个人账户交易生成的数据,当然也包括社交数据。

高红冰曾说，阿里巴巴再也不是一个 IT 公司了，它是一个 DT 公司。DT 就是 Data Technology，数据技术。顺着这个趋势，阿里巴巴希望围绕个人账户、个人数据达成新的财富共识，所以后来它们推出了余额宝。我在 2016 年和高红冰讨论，如果每个中国人的信用额度能增加 10 万元，整个中国会增加 130 万亿元的信用额度，相当于又挖出了一个加州大金矿，这会一下让市场交易更加繁荣起来。⊖高红冰院长当时说了一句让人印象特别深刻的话："以钢筋水泥为标志的银行信用大厦，正在被以数据为土壤的区块链信用所取代。"如果每个人真实可靠的数据都能让信用增加，这些信用就和黄金没有本质区别，基于它们会达成新的财富共识，为整个市场注入信用资源，并助推未来的经济繁荣。

阿里巴巴积极推动，并购了天弘基金，然后事情就遇到了困难，主要原因就是互联网平台搞的是数据寡头公有制。如前所述，没有个人财产的确权，是不可能发展出一个自由市场经济的，也是不可能达成财富共识的。阿里巴巴和腾讯恰恰没有意识到这一点，这当然也不能怪它们，因为传统的互联网本身就不保护任何用户的数据。2018 年

⊖ 斯万.区块链新经济蓝图及导读[M]韩锋，等译.北京：新星出版社，2015.

我在纽约见了芝加哥大学经济学博士杰弗里·沃尼克，他跟我说，全球各大互联网公司的商业逻辑、商业模式都是一样的，就是拿走用户的数据，自己发财，几千亿美元甚至上万亿美元的市值全是靠用户的大数据支撑的。这个现状是由互联网的底层技术导致的。

根据第 2 章我们讲的财富共识的七大原则，数据财富共识就连第一个原则，也就是确权都没能完成。就是说在这种情况下，指望哪个互联网平台真的依靠大量交易大家产生的数据而建立新的财富共识基本上是不可能的。确如周子衡教授的分析，现在各大互联网公司代表的是数字经济 1.0，人类在生产大爆炸之后，终于迎来了交易大爆炸。现在虽然有了大数据，但是革命远远没有成功。终于，2008 年，比特币横空出世。

我反复强调，比特币开创了数字确权的时代。数字属于个人，我们能不能靠数据达成新的财富共识？比特币的实际表现已经回答了这个问题。到目前为止，比特币已经发展了 10 年，市值达到了 4000 多亿美元（截止到 2020 年 12 月），而且我个人预判到 2021 年大概率它能冲过上万亿美元，这完全是一个新的时代，私有化的数据能创造新的财富共识。加密数字货币这几年的发展已经让这一点越来越没有疑问了，如果谁不能认识这一点，他就会错失未来，错失历史发展的机遇，错失新财富共识的这一班快车。

最近我看到一篇非常有水平的文章，是中国人民银行金融研究所首席研究员邹平座发表的文章叫《货币政策市场化协同与大数据机制研究》。他的这篇文章中很多观点让我们耳目一新，高度认同。他一开始引述了"党的十九届四中全会已经明确，数据是一种生产资料，参与国民经济分配。"我觉得这是很提纲挈领的。

我在美国听说过一个案例：谷歌创始人布林的妻子创办了一家数据公司叫 23 and Me。这家公司的商业模式极其简单——他们会给客户寄一个小瓶，并附一纸说明，上面写道：你只要往瓶里吐一滴唾液，然后交 99 美元，就可以得到一份价值 1000 多美元的基因分析报告，包括你有没有遗传病，以及你的健康状况预测。这里面没有任何欺诈，他们真的会给客户寄送一份价值上千美元的分析报告。

那么实际上这家公司的商业模式是什么呢？他们是分析了每个人的唾液以后，把这些基因数据汇总起来，再分别卖给那些生物制药公司，因为生物制药公司做科研是需要大量的人类基因数据的，每个人的基因数据能为 23 and Me 这家公司创造 7.5 万美元的价值，所以这家公司的效益其实好得很。这家公司 2018 年全年产值达 10 亿美元，商业模式就这么简单。所以这非常直截了当地告诉我们，数据作为生产资料，本身极富价值。

另一个案例是广告行业。脸书公开的资料显示，靠用户数据他们每年可以有400亿美元以上的收益。实际上，现在大的互联网公司基本上都在靠用户数据获得收益。这些互联网平台好像总能免费给我们提供各种服务，实际上我们的数据都归了平台，我们自己并没有所有权，但是数据作为生产资料已经成为常识。

所以，我们就可以进行下一步的思考。

邹平座先生的文章究竟是怎么谈大数据和加密数字货币的？第一点，加密数字货币要靠区块链支撑。第二点，他谈到世界经济从商品经济转向数字经济的一个重要标志——"从传统的会计管理价值的模型转向了区块链管理价值"。实际上，今天的整个银行系统都建立在现代记账体系的基础之上。只有正确地记账，才能在发行纸币的同时不至于导致货币系统崩溃。有了区块链——一个分布式的记账系统，未来的数据就能确权，就能为未来的财富共识提供全新的技术基础设施。当然还必须配合一个数据交易平台，这就是我现在和陈榕老师共同的创业项目：亦来云——财富互联网项目。为什么要有财富互联网？

就是为了争取未来让所有的 App 都能够保护每个用户的数据。区块链能够确权,可以交易,但是真正要保护现在每个 App 上的数据,比如抖音上的数据,光靠区块链是不行的,因为抖音完全不可能在区块链这样一个分布式计算系统上运行,效率太低了。所以一定需要财富互联网的可信环境,现在很多技术项目都在向这个方向发力。这些技术为围绕个人账户的数据形成财富共识提供了先决条件。

第三点,邹平座老师谈到了"对大数据模型进行单变量分解,建立大数据的市场主体与交易结构,对每个人的大数据进行托管与确权,使得相关数据成为各主体的资产"。这一点他看得也非常准,就是说要在个人数据的基础上达成新的财富共识,一定要做到让数据成为个人的财产。

第四点,邹平座老师提出:"每个人的大数据是科学计量的,本质上反映了一个人创造价值的能力。"这一点也不难想象。现在中国人主要的财富共识是房地产,但拥有几套房子跟你个人的创新能力几乎毫无关系。数据不一样,如果我们将来真正建成了财富互联网,让数据真正能够变成每个人的资产,很快每个人的创新能力就会成为达成财富共识的一个基础性因素。我相信那将是一个真正鼓励创新的世界。

第五点，邹平座先生谈到，以人的价值作为单变量函数求解GDP，使得人的价值数据成为一种真正的数字资产，进一步结合区块链技术生成加密数字货币，这种加密数字货币不仅是价值尺度，而且能够创造价值。一旦实现了这个目标，货币与货币政策就实现了真正的飞跃。我非常佩服他的远见。好多人总是问："央行发行的法定数字货币（DCEP）是不是为了代替支付宝？"我觉得这些人完全没有理解背后的逻辑。央行发行的法定数字货币（DCEP）实际上为每个人的数据将来能够变成个人财产提供了一个底层的支撑，明确了数据的定价、变现、未来收益的估值方法，有了这个支撑，整个数字经济才能形成一个闭环，这正是市场经济从大银行围绕大企业账户达成财富共识，向区块链个人账户围绕大数据达成财富共识转型的最核心的一环。那为什么这事必须由央行来干？很简单，只有央行去做，你在各个互联网平台上的数据（现在它们还是数据孤岛）才有可能归结到一个ID的名下，变成你个人的财产。由于区块链上的数据财富共识天然具有全球汇通性质，所以未来完全可以期待央行法定数字货币（DCEP）将在人民币国际化方面发挥至关重要的作用。

这才是数字经济2.0，也就是有明确数据产权的经济。

中美发行加密数字货币，推动新的财富共识产生

货币是财富的度量衡，是财富共识在支付场景的具体化，货币可以由国家发行，但是必须锚定市场的财富共识才有真正的价值。我相信未来全球最大的财富共识应该会基于个人大数据来形成。

因此，中国央行正在积极推动发行法定数字货币（DCEP）。

国家本身并不是单一的数据平台，理论上它可以靠法律规范所有的商业数据平台，这一点不管是阿里巴巴还是腾讯都做不到。因为各商业平台实际上都只拥有我们的数据的很小一部分，没有任何一个平台是能够通吃天下的，只有政府和央行有这个能力。按这个逻辑，央行发行法定数字货币（DCEP）实际上为将来我们每个人的数据整合以及变现提供了先决条件。

邹平座老师也谈道："未来经济体发生裂变，股份制经济转向通证

制经济，区块链赋予每个人分布式账户，用于管理和核算人的价值，从而实现经济制度的民主化。在数字经济背景下，每个人的数据都具有价值，它是人的价值凭证，用区块链核算，这个转变改变了人类的分配制度，使得每个人都有了参与分配的权利。"

这段话有点抽象。简单来说，哪怕华尔街靠股票证券变现未来收益，为全球创造了主要的财富共识，这也是政府（银行）和企业之间的合作，如周子衡先生所分析的那样，还是属于传统经济和传统金融，它是围绕着企业账户来进行的，跟个人直接的经济活动没有关系。但是互联网经济转型的特征，是经济开始从原来以企业账户为中心，转向了以个人账户为中心。未来的加密数字货币靠区块链、密码学能确权每个人的数据，整合大家的数据，在此基础上央行的法定数字货币（DCEP）将标志着全中国用户直接合作新的财富共识。更重要的是，新的财富共识直接鼓励创新，并且未来在区块链上的数字资产将自然踏出国门形成全球性的财富共识。

这方面美国其实也有动作，最引人注目的毫无疑问就是扎克伯格力推的 Libra。

实际上从 2019 年开始，我们就若隐若现地看到了美国的 Libra 跟中国央行的法定数字货币（DCEP）间的较量。

美国有一家基金叫 IOSG Venture，这家基金报告说：实际上脸书搞 Libra 首要的出发点也是搞数据私有化。这是形势使然。2018 年，脸书泄露了近 5000 万名用户的信息，为此被罚了 50 亿美元。被逼上梁山的扎克伯格在 2019 年的 3 月份写过一篇博客，说脸书未来的重大转型将强调隐私，而且他相信通信的未来越来越强调私人加密，这是一个巨大的转变。脸书想用区块链的技术和概念来解决自身业务的内在冲突，也就是数据私有化问题。2019 年 4 月，扎克伯格喊出了"The future is private"（未来的数据是私有的）这句口号，紧接着他就发布了 Libra 白皮书。

刚开始，中国有很多人都认为 Libra 针对的是支付宝，这种想法也不是没有道理。因为 Libra 锚定美元，而且和美联储之间达成了妥协，进行合规，这一点直接针对的就是支付宝和微信支付。因为它解决了美元的"最后一公里"问题。如今虽然美元在全球独步天下，但是很多支付场景它是难以进入的。我跑了很多国家，实际上真正能用美元直接购物的场景非常少，但是一旦 Libra 发行一个稳定币，跟美元直接锚定，让用户扫一个码就能交易，且支付行为可以在任何一部智能手机上实现，那就意味着很多国家将无法抵挡美元的攻势。凭借美元本身在全球财富共识中占据的份额,它将在全球的支付领域里也独占鳌头。

但我要强调,Libra 最根本的目的还不在这里。根据我们查到的资料,Libra 专家委员会有一个成员尼克·格罗斯曼(Nick Grossman),也是 Union Square Venture(USV)的合伙人,USV 是美国最有名的一家风险投资机构。格罗斯曼写了一篇文章,直接点明了 Libra 最根本的意义:它打开了数据私有化的大门。

现在我们来梳理一下 USV 的投资逻辑,它最早投资了美国最大的加密数字货币交易所 Coinbase,后来直接支持第二代互联网项目 Blockstack。Blockstack 在美国同样打出了第二代互联网大旗,跟陈榕老师一样直接声称要做数据确权,让数据变现成资产。可见,Libra 实际上也是在为像脸书一样的大型互联网平台的数据私有化做准备,它在创造基本的金融条件,也就是用数字货币来为未来的数据财产确权。

Libra 项目和中国央行现在发行的法定数字货币(DCEP)相伴而行,二者必有一番竞争,但是也肯定有合作的机会。因为我个人认为这件事光靠哪个国家、哪个公司是做不成的,这关系到全人类的未来。

当然哪个国家先围绕个人数据达成了财富共识，它在全球竞争中就一定会领先一步。针对Libra，IOSG基金的报告上有这样一句话："因为区块链是能够让用户拥有自己的数据并实现安全存储和变现的最简单、最方便的技术。这样一来，一方面脸书可以用区块链技术来给用户数据确权，另一方面它可以用加密数字货币激励用户上传数据、喂养广告商，从而解决用户隐私问题。有币区块链和无币区块链的最大区别，其实是在对个人数据库的管理上，如果没有加密数字货币对用户的激励，这一点可能会成为问题。有币区块链能让数据的流通性提高至少3到5倍。"个人数据的确权将颠覆现在全球几乎所有大型互联网平台的商业逻辑，平台不能再搞数据的寡头公有制了，未来将是一个数据私有的时代。

朱嘉明老师在《区块链或将成为重构世界秩序的新基础结构》中高屋建瓴地指出：战后世界的秩序框架主要是在20世纪四五十年代一系列会议，如布雷顿森林会议、雅尔塔会议中议定的，是由当时的发达工业国家一同建构的。这个秩序如今正处于解构中。导致解构的主要因素包括全球人口的激增、从产业经济向数字经济的过渡，经济复杂程度的大大提高、高科技领域的不断突破，以及以中国为代表的新兴经济体的崛起。

朱嘉明老师也曾强调：实际上美国绝对不是美国人的国家，美国是当前全球百分之一的精英达成财富共识的地方。哪怕是敌对国家的精英有了财富也必须到美国进行共识管理，否则就进入不了全球的财富循环。

但现在主要有两股潮流在反对这种精英财富体制，第一股潮流是美国铁锈地带的底层白人，他们认为自己已被华尔街和硅谷的精英们抛弃，但他们手里有选票，所以才选出了"非主流"的总统特朗普。第二股潮流就是现在正在兴起的数字经济浪潮。

我在和朱嘉明老师多次讨论后，更加确信全球需要达成新的财富共识，从传统的主要以大企业、大银行为核心运转的精英资本市场过渡到以区块链为基础技术支撑，转向建设以个人大数据为土壤的新的财富共识大厦。

民间增加的财富共识，给实体经济注入了像血液一样的信用资源。这无疑会推动实体经济的发展，增加国家财富，必将在全球竞争中占有更有利的位置。

区块链国富论
论全球信用
算法共识的
未来财富

第 5 章　区块链财富
　　　　共识简史

根据前文的介绍，人类财富共识经历了资源锚定、记账信贷、变现未来三个阶段。在数字经济时代，我们是否可以靠区块链这样一种分布式计算系统达成全球新的财富共识？历史正在给出答案。时代的大幕正在徐徐拉开，一场全新的数据财富共识运动正在形成。

比特币——区块链财富共识的宁馨儿

比特币诞生于 2008 年中本聪那篇著名的论文，2009 年开发了相应的开源代码，这场去中心化的利用密码学区块链技术达成财富共识的运动开始了。但是参考历史发展的整个进程，我们会发现比特币并非从天而降，其实在比特币之前，已经有了很多次类似的尝试。

1993 年网络组织"密码朋克"成立，发表了《密码朋克宣言》，自称以开发匿名系统为使命。

中本聪当时就在这个组织里。为什么这样一份宣言具有里程碑式的意义？因为里面特别提到了私钥签名，实际上就是非对称加密技术，这成为个人数据私有化的技术前提。

图 5-1 1993年,《密码朋克宣言》发布

私钥签名技术为数据私有化奠定了底层技术基础

1993年,密码朋克组织已开始关注私钥签名技术,并可以为数字确权了。在互联网的寡头公有制的数据世界里,密码学私钥签名技术的出现相当于给数据用户颁发了一个所有权证。这是里程碑式的事件,宣告了数字私有化问题开始得到解决。

除了解决数字的私有化问题,在电子货币方面,全球也有很多尝试,对比特币影响最大的两个人就是戴伟(Wei Dai)和尼克·萨博。

戴伟和尼克·萨博于 1998 年几乎同时提出了密码学货币的概念，其中戴伟独立提出了 B-money。大家公认这个事件对比特币有非常深刻的影响。中本聪那篇论文引述的第一篇文献就是戴伟关于 B-money 的论述。《未来金融》里明确指出："有证据表明中本聪是在后来才知道，他和戴伟的很多研究发明都不谋而合，就像牛顿和莱布尼茨实际上分别发明了微积分，但是两颗最伟大的头脑产生的想法又汇集到了一起，这是人类历史上的高光时刻。"㊀

去中心化系统更能保证自由市场的繁荣运行

为什么先前很多种电子货币的探索，包括后来著名的 Paypal 团队，最后都失败了？据《未来金融》这本书介绍，电子货币但凡有规模化的苗头，政府就会直截了当地打击，解散公司，处置公司核心团队。

在人类建立财富共识的历史上，大部分时间里财富共识是在自由市场上去中心化地达成的（参见第 2 章），几乎没有仅靠中心化公司机构形成全球财富共识的先例。所以现代国家政府对于一个中心化机构

㊀ 艾哈.未来金融[M].柳伊朵,等译.北京：电子工业出版社,2020.

发行电子货币（实际上是想形成新的财富共识）不能容忍，这也不完全违背经济和金融规律。

中本聪的伟大之处，在于他发现可以使用一个真正的去中心化模式发行货币，利用分布式计算达成财富共识。

历史上，去中心化发行货币的概念首先是由哈耶克提出的，当时大家觉得这个概念石破天惊，有人甚至认为它离经叛道，因为当时主要的财富共识还是各国央行发行的货币。传统金融学者都认为货币一定得由国家发行，没有国家主权背书的货币是不可能有生命力的。

但是放眼整个人类历史，尤其中国的货币经济史，根据朱嘉明老师的研究，实际上财富共识在大部分时间里的确是民间自由市场自动达成的。不管最早的贝壳还是后来的黄金、白银，绝对不是由哪个政府、哪个国家规定后才发行流通的。

中本聪也发现，通过去中心化的市场机制达成财富共识是历史的常态。数字时代怎么去中心化？最伟大的创新就是中本聪发明的区块链技术，通过很多节点分布式计算验证，互相核对保证记账是同步正确的，并对全网透明公开，这是银行复式记账法的推广，最后也能像银行发行支票那样达成财富共识（有的 DeFi 项目直接就像银行那样质押借贷，只不过是以去中心化的方式执行智能合约）。这个过程基本上模仿了自由市场本身的分布式运算系统（第 7 章我们会专门介绍，自由市场等价于一个分布式麦克斯韦妖计算系统），这一点是我跟清华大学的顾学雍教授一直以来都在致力于研究的对象。

2009 年中本聪公开了比特币的开源代码。中本聪为什么要设计挖矿这个环节？因为全网不会免费提供算力记账，无利不起早，中本聪很理解市场规律。亚当·斯密的自由市场的参与者应该是自利的，首先是要满足自己的利益，只要遵循"互通有无、等价交换"的基础协议，大家就都可以进入比特币网络。挖矿就是一个奖励的机制，每 10 分钟出现一个所谓的区块，实际上就是一个公开的记账区域，大家可以全网竞争记账权。虽然大家都可以记账，而且可以互相核对，但是只有一个人能够获得合法的记账权，只要他能解出密码学 SHA256 难题，并得到全网大部分节点核对接受，该矿工节点就能获得五十个比特币的奖励（以后每四年减半一次）。这套设计的革命意义在于：它符合私有化原则和信息公开透明原则（详见第 2 章），因而能确权数据从而达成新的财富共识。

最早谁挖矿？只有中本聪自己，因为别人都不知道区块链是怎么一回事,而且当时比特币一钱不值,大家也没有真正的动力去挖。中本聪在第一个区块上写了一句话,那还是在2009年的1月3号,这当然是一个历史性的日子,那句话是"首相将很快第二次向银行伸出援助之手"。这句话摘自《泰晤士报》当时刊登的一则新闻,说英格兰银行长期经营不善,信用资源接近崩溃,国家则不断向它伸出援手,实际上就是拿纳税人的钱给它充值。中本聪的意思是,靠这种中心化的创造财富共识的机制,几乎所有的持币人和纳税人都将付出很大的代价。

中本聪可谓神龙见首不见尾,2010年以后他就失踪了。现在我们认为,中本聪的失踪实际上证明了比特币网络是一个去中心化的系统,可以在不依靠任何公司法人所谓信托责任的前提下建立起来。比特币共识机制能够背靠社区正常运转,不靠哪个人,更不靠董事会和总经理。

中本聪失踪后,大家都尽力寻找这个人的蛛丝马迹,后来有人发现,中本聪当时在一个P2P基金的官网上注册过自己的账号,因为必须填本人的生日,中本聪最后填入了1975年4月5日。

中本聪之所以选定这个日子是有讲究的。1975年4月5日并非一个特殊的日子，也没有重大事件发生。但是，历史上的 4 月 5 日曾见证两个重大事件，第一个发生于 1933 年 4 月 5 日。1933 年，为了应对当时的经济大萧条，美国总统罗斯福签署了第 6102 号法案，并于同年 4 月 5 日向公众宣布：公众拥有黄金是非法的，违者将面临最高 10 年的监禁，并处以 10000 美元的罚款。这则法令允许美联储以每盎司 20.67 美元的价格收回大约 4 亿美元的黄金。但是，次年美国国会很快又通过了《黄金储备法案》，将黄金价格稳定在每盎司 35 美元。这个价格比收集时高出 70% 以上。1975 年，福特总统又签署了"黄金合法化"法案，美国公民终于重获保有黄金的自由。

1975 年 4 月 5 日是这两个重大事件日期的组合。由此可以推断，中本聪似乎对传统金融体系有很多抱怨。这是一个具有极大讽刺意味的日期，讽刺的对象就是美国的金融体系。

在比特币的发展早期，哈尔·芬尼给了中本聪很大的支持，他是一个资深密码学专家。当他看到中本聪那篇著名的文章时，极其兴奋，后来抱着极大的热情参与到了比特币的实验当中。哈尔·芬尼之所以后来那么有名，是因为在 2010 年中本聪失踪前，他可能是和中本聪交流最多，关系最密切的人。他运行了比特币的第一版软件，从最早发布的开源代码开始，他就在不断帮助中本聪寻找比特币系统的漏洞，不断修改更新。很不幸，哈尔·芬尼后来得了渐冻人症，并于2014年8月告别人世。

中心化机构，包括各国政府已接受数字资产，为大规模交易奠定基础

对于比特币这样完全去中心化的系统，中心化机构会做出什么样的反应？

全球财富共识的达成，离不开大规模的交易。比特币开始时没什么价值，又没有真正进入实际的支付场景，凭什么能有大规模交易？这就要归功于交易所。第一个比特币交易所是法国人马克（币圈人称"法胖"）于2010年7月在东京开的，叫MT.Gox（币圈人称"门头沟"）。后来由于经营不善，倒闭了，直到现在这桩官司都没打完。

但是不管怎么说，大家都承认它是历史上第一个交易所，而且在比特币创造互联网黄金共识的过程发挥了非常重要的作用。2011年2月9日，比特币的价值第一次与美元持平，现在看来，这好像是稀松平常的事，但是在当时整个社区都很受鼓舞，甚至一些主流媒体都报道过。后来"门头沟"的创始人"法胖"入选了比特币基金会理事会，再后来中国人也开始大规模参与到比特币财富共识的建设中来。

2011年6月，比特币中国成立了，这是中国第一个比特币交易所，创始人杨林科，也是我的好朋友，我们经常交流，他也是我们成立的DACA区块链协会的第一任会长。杨林科2011年碰到黄啸宇，后者是一个极客，擅长开发。他认为大家都应该关注比特币，因为加密数字货币很有前景，这让杨林科很好奇。后来跟黄啸宇一交流，杨林科也觉得比特币很有意思。杨林科对于商业机会有天生的敏感性，所以他很快自己集资搞了第一个交易所。2013年斯坦福大学毕业的李启元（Bobby Lee）加盟后，比特币中国开始了大发展。

李启元从光速资本融资了500万美元，作为联合创始人担任了比特币中国的CEO，给比特币中国带来了很大的发展机遇，最后也当选了比特币基金会的理事，大家都认为他是中国社区的代表。他的弟弟也很著名，是莱特币的创始人。莱特币的市值在加密货币中稳定在前十，历史上曾长期占据老二的位置。

据杨林科介绍，正是由于出现了这些交易所，全球性的大规模交易才形成了，因为原则上在比特币区块链的世界里是不分地域的，支持全球性24小时交易，所以交易量逐渐攀升。

比特币满足了达成财富共识的七个基本原则，市值火速攀升，膨胀速度是在历史上的所有金融产品中几乎前所未有。以前很多人认为比特币是庞氏骗局，因为他们觉得比特币看不见摸不着，和传统的财富观念，如货币要和现实物品锚定，或者必须有大银行和国家背书都不相符。但财富不是物，而是人类为了自由市场的大规模交易达成的全球信用共识，而比特币符合所有财富共识达成的条件。有人想用比特币矿工的算力没有什么别的使用价值来否定比特币的价值，但在历史上黄金也没有太大的使用价值，就算有，也绝不是它能成为财富共识的根本原因。比特币拥有技术上的优势（区块链），代表全球财富共识的未来。现在（2020年），在美国合规的大基金已经入场了。

长期蛰居在硅谷的郭宏才介绍说："灰度投资公司（Grayscale Investment Trust）由加密数字货币投资集团（Digital Currency Group，DCG）于2013年设立，DCG是全球最强大的币圈投资机构，几乎你知道的大多数币圈的顶层交易所、项目都有它的身影。"

而灰度投资公司作为DCG的子公司，管理着比特币、以太坊等多支基金，其中比特币和以太坊先后进通过了SEC（美国证券交易委员会）认证，成为机构合法投资和美股散户接盘的唯二选择。

根据官方公布的第二季度投资报告中：在灰度投资公司购买加密

数字货币的累计投资已达到26亿美元，2020年上半年接受的总投资是14亿美元，平均每周4380万美元的资金买了比特币，940万美元的资金买了以太坊，85%的资金来自对冲基金等机构投资者。

目前灰度投资公司购买比特币的速度已经超过了同期新开采的比特币的数量。而且投资者迅速增长，第二季度是第一季度的二倍，第二季度新投资者流入了1.241亿美元，占投资者基础的57%。

中国在数字财富时代可能重新成为主角

中国在白银时代曾经有机会成为世界财富共识的主角，但是后来被边缘化了，几百年后的今天，终于在一个新的财富共识时代又开始走向舞台的中央。这一切都要归功于中国的"矿工"。

对比特币来说，"矿工"既是记账员，又是比特币加密系统的保护者。因为世界上任何一个加密系统理论上都会被黑客攻破，比特币的挖矿体系实际上是靠一种经济奖励机制解决加密性问题的。

中本聪从一开始就公开了比特币加密系统的破解途径：只要你掌握了全网算力的51%或以上，就能攻破比特币的加密系统，就可以做假账。如何保证无人能越过这条红线呢？全靠"矿工"算力的保护。"矿工"们掌握的算力越多，发起攻击的成本就越高，比特币网络就越安全。那凭什么保证"矿工"都会提供算力参与"挖矿"？靠经济利益，靠 50 个比特币的奖励。比特币系统不是在理论上无法攻破的，但是花这么大的成本去攻破它是不划算的。靠经济手段解决加密的问题的路子对未来全球的密码学系统也是个巨大的启示。

中国人在比特币的"挖矿"领域表现尤其出色，现在已经形成了明确的"币圈"。这是因为中国几乎具备所有的优势条件，从芯片的设计到大规模的矿机生产，再到便宜的电力资源，整个"挖矿"产业链都在中国，中国人在这方面的优势是几乎牢不可破的。

2012 年 7 月，"烤猫"最早开始制作 ACIS 矿机，而且靠筹比特币来开发矿机，据说当时筹资非常成功。"烤猫矿机"一度也非常成功，但诡异的是，"烤猫"后来和中本聪一样也失踪了，至今没有出现。

后来还有一个非常著名的人物，网名"南瓜张"，本名张楠赓，他本是北京航空航天大学的一位博士，最杰出的才能就在设计比特币矿机芯片这方面。他有一次告诉我，在他当年设计矿机芯片的时候，有人匿名赞助了他 1 万个比特币，他到现在也不知道那个人是谁。这种匿名赞助堪称无名英雄，也说明整个比特币社区对于形成财富共识都是非常有奉献精神的。

现在整个比特币挖矿领域，中国最著名的人物无疑是吴忌寒，2013年5月他和詹克团共同成立了比特大陆，比特大陆是如今最著名的比特币矿机公司，因为这家公司长期掌握了比特币算力的50%。

比特币在经历了2013年的牛市以后进入了一个比较漫长的熊市，最惨的时候单价缩水到了高峰时期的十分之一，让整个社区蒙受了巨大的损失，甚至有人预言比特币的矿场要集体性破产，因为如果价格继续下跌，按照原来那些矿厂的配置，它们挖出来的比特币连电费都不够交。但令人非常欣慰的是，社区里的很多朋友，像郭宏才、星空吴刚、廖翔等深入到四川的深山老林，找最便宜的电，降低挖矿成本，支持比特币度过了熊市的危机。

2016年，我利用春节假期走访了四川的很多"矿场"，这些"矿场"地处非常偏僻，有的地方甚至连想去吃碗牛肉拉面都要开车两个小时。四川有丰富的水资源，建了很多小水电厂，但其中一些小水电厂建成以后就没有经济效益了，因为地方太偏僻，电力传输本身的成本就很高，而且维持水电厂本身的运行也需要很高的成本，所以好多小水电站产出的电就成了"窝电"。因为电生产出来却无法传输，而当地的经济又不足够发达，无法消费这些电，导致电就"窝"在那里，没有经济价值了。

但是，这种条件却很适合挖比特币。再说中国的互联网系统已经具备了世界一流水平，即便最偏僻的地方都能够拉条网线进去。再说比特币当时虽然价格下跌，但没有崩溃，再怎么说，比最初时还是要强得多。中国人往往在最艰难的时候依然坚韧不拔，这些矿工就是坚持"生产全球信用的人们"，他们支撑了全球这场新财富共识的实验，直到最后迎来了比特币第二轮牛市的大爆发。

去中心化金融达成财富共识

———

全球区块链财富共识的下一步发展遵循什么样的内在逻辑？我们可以参照一下传统的财富共识形成史，第一阶段当然是锚定稀缺自然资源达成共识，比特币就是这个稀缺自然资源。历史上的第二阶段是出现了银行和证券市场，靠科学记账、借贷和频繁交易支持纸币、债券和股票的流通。区块链技术也迈出了这一步，即去中心化金融（DeFi），也就是靠分布式计算提供现在银行体系提供的金融服务，达成新的财富共识。

首创者是 BM。这个人在整个区块链社区是非常著名的，有人称他为小天才，因为在 2014 年他就发明了比特股，而且当时他也聚集了很多中国社区非常著名的人物，比如李笑来，最早就投资了 50 万美元，这是后来李笑来告诉我的。沈波（后来以太坊的幕后大佬）直接到洛杉矶去给他当 CEO，著名的"暴走恭亲王"是他在中国的市场推广大使。所以比特股当时在中国，尤其在比特币熊市的时候，实在让大家眼睛一亮，因为 BM 解决了几个去中心化金融的关键问题：第一，他发明了 DPoS，不像比特币靠算力竞争挖矿记账效率太低，也特别耗费资源。DPoS 机制靠手中的股权或者说靠币权来选出代表记账，至少在交易速度上会极大地提升，所以现在包括亦来云一半也是用的 DPoS 共识。第二是去中心化交易所（DEX），现在也是非常流行的一个概念。前边我们讲了交易流动性，这对于财富共识的形成特别重要，交易所也给比特币带来海量的交易，但是很多人认为中心化交易所有悖中本聪的原旨，也有很多交易不透明、容易操纵的环节，所以大家一直期望推动一个去中心化的交易所。李笑来说这是他当初同意投资比特股的主要原因，至少里面的资产交易是公开透明的。第三，很重要的是它可以质押发行链上的数据资产，稳定币的概念就是根据比特股上的期权合约产生的，这显然在模仿银行质押借贷发行纸币。当时这几个概念的提出都是非常创新的。但后来当选进了比特股理事会的巨蟹告诉我："BM 是开发的天才，运营的熊孩子。"他本人运营整个比特股项目的时候，犯了非常大的错误，当他发现他的开发经费不够的时候，他居然修改基础协议从而增发代币，这犯了币圈最大的忌讳。就像比特币基础协议规定是 2100 万个，如果现在中本聪突然冒出来，把这里 2100 万个改成 4200 万个，我相信比特币的信用共识立刻就崩溃了。但是当时 BM 就是这么干的，当时社区是群情激奋地反对，最后因为一个决议在理事会投票，他 4 比 7 票落败，于是他自己宣布退出社区。随后，中国社区的"巨蟹"当选为理事。但比特股掀起的这第一轮 DeFi 热潮很快就归寂了。

现在来看，比特币和比特股这样的早期区块链系统结构太简单了，几乎无法在上面编程，大规模去中心化金融服务是需要复杂编程的。历史把这样的机遇留给了"V 神"和沈波、肖风。

后来被尊为"V 神"的人物，是一位 19 岁的俄裔加拿大人 Vitalik，他当时在滑铁卢大学读数学，是比特币去中心化社区的狂热参与者。他在 2013 年年底发表了一篇博客，当时讨论说比特币既然创造了一个去中心化发行货币的思想和实践，我们有没有可能让区块链靠分布式运算来自动地执行金融合约？

他建议开发一个图灵完备的区块链分布式计算系统，或者说可编程的区块链，把金融的合约编程放在区块链上运行。他最早的建议是让比特币的区块链实现这个思想，对整个社区形成了非常大的感召，因为参与比特币的这些极客们，他们坚信自由市场不需要中心化管理，干预越少越好，既然能够去中心化发行货币，如果将来所有经济合约的所有交易也是靠去中心化算法执行的，那多么符合他们的理想？岂不是能达成更多的财富共识？所以虽然 Vitalik 当时只有 19 岁，但是他那篇博文引起的反响特别大，很快在 2014 年他就发起了一个叫以太坊（Eethreum）的项目，用比特币发起了众筹，当时众筹到了 31591 个比特币，按照比特币的价格当时众筹均价 2.8 元一枚。

应该是 2015 年的 5 月份，当时他幕后的推手沈波就跟我联系说希望邀请 Vitalik 到清华大学做一次演讲。当时我还在清华大学高等研院阅览室潜心研究量子力学并在清华 iCenter 做导师，我就找了顾学雍教授，在顾学雍教授的安排下，最终 Vitalik 就在 iCenter 做了演讲。

应该说以太坊智能合约比比特股运气好得多，再加上 Vitalik 本人非常会做市场营销。当时他极其勤奋，成天坐高铁到处跑，而且坐下来就写博客，甚至出租车上都写，大量地写各种关于以太坊智能合约的思想和未来可能的各种应用，回答社区问题，帮助社区开发项目（沈波先生后来告诉我，很快在以太坊上就有了一百多项应用）。为了节省经费他在中国住在沈波先生家里三个月，在韩国搞活动时据说他住胶囊宾馆。他对工作的疯狂程度，我还没见到第二人。真正到了 2017 年的时候，智能合约支持的大量区块链项目爆发了，全球无数创新的思想在以太坊上形成了一场财富共识的盛宴,也把 ETH 的价格推向了新高(2017 年一万元左右)。

在这一轮牛市中,最富有创新精神的中国区块链项目就是 NEO 了。NEO 最早叫小蚁股,是想在区块链上创造流通加密数字资产。由上海的比特币创业营一起谋划,2014 年由达鸿飞出面组织团队启动。我那时正好和他们一起编译中国的第一本区块链的书《区块链:新经济蓝图及导读》,所以大家就经常在一起交流。"达叔"力邀我成为他们的天使投资人,我手里当时就十个比特币,就答应了,没想到 2017 年牛市这笔投资让我获得了七百倍的收益。其实小蚁股开始的时候起步很艰难,"达叔"又把众筹来的比特币低价位套现了,所以他们发展资金一直不足。团队一度才五个人,但是 2017 年却爆发出惊人的力量。从火币网出来的张铮文出任 CTO。张铮文很不善交际,只会埋头干活,他把以太坊上的智能合约用微软的 C# 重写了一遍,一下子让很多懂 C 语言的软件工程师可以很容易地进入区块链智能合约的开发社区,微软自然也愿意支持他们,就这样 NEO 在 2017 年一炮而红,币价在这一年中涨了一千倍,很多人靠它实现了财务自由。

2017 年之后,整个加密数字货币市场渐渐走向了熊市,这并没有什么太奇怪的，币圈对于比特币这种熊牛周期已经开始习惯了。再说，基于以太坊上的很多金融创新都是在不成熟的幼稚阶段，也缺乏真正的市场验证。但是经过两年多的技术积累以后，DeFi 这个概念板块终于再一次爆发了（在熊市 2020 年共创造了一百多亿美元的新的财富共识市值），很多人包括我把它看成下一轮牛市的前奏。

符文·克里斯滕森（Rune Christensen）是一个以太坊上去中心化金融的先驱，也是和中国很有渊源的人物，本人是丹麦人，2008 年后就在中国创过业，还有个中国东北籍的妻子。他最早也是比特股社区的积极分子，深受 BM 的去中性化金融理念影响（虽然 2014 年还没有一个清晰的 DeFi 概念）。后来他转向以太坊的生态，用智能合约发起了一个去中心化质押发行稳定币的系统 MakerDAO（发行出来的稳定币叫 DAI，据说符文从汉字的"贷"受到的启发）。该系统在金融原理上和美元锚定黄金发行很类似，只不过他们锚定的是以太币 ETH，现在质押已经开始拓展到其他数字资产，甚至一些上链的线下资产。他们系统的治理代币是 MKR，其他资产要在这个系统中质押借贷稳定币 DAI 需要用 MKR 投票。

截至 2020 年 10 月 24 日，MKR 总市值接近六亿美元，共借贷（DAI）接近十亿美元。符文自己在采访中认为 MakerDAO 的未来就是新互联网（WEB 3.0）上的一家去中心化银行。

以太坊上 DeFi 生态的另一个重要人物是海登·亚当（Hayden Adams）。他在 2017 年被公司裁员下岗，本来他是做机械专业的。当时他非常沮丧，就像我在 2013 年的状态一样。但和我类似，他遇上了加密数字货币社区。他的一位朋友跟他说：机械专业是夕阳产业，区块链才是未来。他相信了。他原来不会编程，但还是花了两个月时间去学习以太坊上的 Solidity。学完以后，他打算找个项目练练手，正好看到 Vitalik 发表了一篇博文，提出了一个去中心化交易所的构想。他非常兴奋，尝试着开发完成了，并于 2018 年 11 月上线，起了个名字叫 Uniswap。现在 Uniswap 的交易量一度超过了美国最大的中心化数字货币交易所 Coinbase，成为 DeFi 板块的一颗十分耀眼的明星。

这一波 DeFi 的兴起，让人们看到了区块链去中心化计算世界中对应银行服务的各种功能应用如雨后春笋般的发展，如英国工业革命后银行业为全球形成新的财富共识的大趋势已经初现端倪，这一次的舞台是全球数字经济。

虽然 20 世纪 70 年代美国让黄金退出了金融舞台，但是仍然相当多的财富共识锚定在如石油、房地产等资源产品上。那么数字经济时代,全球财富共识的锚定物主要是什么?毫无疑问是大数据,准确地说是私有化的大数据,是被加密确权并受到充分保护的大数据。

数据资产化浪潮

亦来云创始人陈榕老师二十年前在微软研究院的时候就提出,应该建设保护个人隐私和数据的互联网操作系统,可惜当时曲高和寡。现在遇上了区块链时代,陈榕老师和我都认为建设新互联网(WEB 3.0)的春天来临了。我认为新互联网就是未来的(数据)财富互联网。

陈榕老师认为建设新互联网(WEB 3.0)需要四大支柱:一是为区块链及个人数据确权的 DID(去中心化个人身份),二是点到点通信,三是去中心化存储,四是保护数据内容的私密计算环境。

产业的发展情况的确验证了陈榕老师的正确理念。

点到点通信的计划由一个叫 TELEGRAM 的俄罗斯团队提出,一下子就融资到十七亿美元(虽然后来被美国法院叫停)。后来由一家基于硅谷的团队推出了 Topnetwork。

新互联网 WEB 3.0 的第三大支柱去中心化存储现在也出现了天王级项目 IPFS（Filecoin）。IPFS 最早的开发版本发布于 2015 年 2 月。后来斯坦福大学的胡安·贝内特（Juan Benet）成立了协议实验室，把它发展成区块链项目 Filecoin，并在 2017 年获得红杉资本等巨头以及公募的两亿五千多万美元的投资。IPFS 的技术已经被微软、维基百科和 Opera Android 等机构和项目采用，在业界声誉日隆，2018 年后吸引了大量中国矿工进入，比较著名的矿区如原力社区、星际联盟、星际大陆和人人矿场等。

2020 年 10 月 15 日，Filecoin 主网上线，Filecoin 价格一度飙升到两百多美元，市值甚至超过比特币。

我开始意识到 Filecoin 在未来建设新互联网 WEB 3.0 的赛道上很可能成为去中心化存储的标杆，正好 2020 年 10 月 20 日在深圳和腾讯云副总裁王龙、世界银行首席安全架构师张志军等举办数据资产化浪潮宣言发表一周年大会，就邀请原力社区创始人张成龙（龙王）、星际大陆董事长李彦东和储迅等代表 Filecoin 全网百分之五十以上算力，共同发起了 Filecoin 社区借贷的 DeFi 项目 FilDA。

2020年10月31日，亦来云核心团队开会讨论战略发展。会上大家达成共识，有了以太坊、IPFS、亦来云等基础设施，数据资产化浪潮应该势不可挡。2020年DeFi项目大热，继承了像质押借贷，存款取息（挖矿）等一些银行算法，但独独没有把"信用"这个核心概念引入DeFi。在传统互联网中，蚂蚁金服等平台已经把大数据征信发展得如火如荼，但是由于它们是中心化的平台，在用大数据征信的同时，也不可避免地触及了用户的隐私。同时，因为传统互联网没有保护用户的数据所有权，导致各大平台画地为牢，事实上形成数据孤岛，这又进一步危害了用户的数据权益。亦来云在这次会议上达成宝贵的共识：发展信用预言机，打通用户的链上链下数据，明确数据所有权，拆除数据孤岛的藩篱，用亦来云的WEB 3.0技术保护用户的数据，实现"上网不计算，计算不上网"（陈榕老师的一贯理念，这样App无法取走用户的数据，但是可以计算和评估用户的信用）。有了DeFi的各种创新玩法，区块链的数据征信一定会打开一条新的赛道。这完全符合上一章我们分析的未来财富共识将从大银行围绕大企业账户形成的机制（借贷发行货币），转向围绕区块链个人账户（DID）基于个人确权大数据形成财富共识的大趋势（DeFi）。数据资产化浪潮就有可能从涓涓细流汇成大海，形成全球财富共识的共振大潮（牛市）。

全球区块链财富共识的熊牛周期

比特币资本市场的熊市和牛市有明显的规律性，股市也有熊牛周期，但是波动如此强烈和明显的熊牛周期始于比特币，后来带动所有的加密数字货币都有这样的特点。

比特币的第一轮爆发毫无疑问是在 2013 年，从年初 1 个比特币约 10 美元，最高峰涨到 1200 美元。当时把很多人都惊呆了。

第二轮牛市在 2017 年，延续将近一年，我们都是亲历者。比特币从上一轮熊市的最低点又涨了一百倍，当然在它的带动下，其他一些比较成功的加密数字货币都经历了上百倍的增长，所以牛市的爆发已经成为加密数字货币作为财富共识的主要特征。

我的本专业是物理，所以会从物理的角度去理解这个现象：加密数据资本市场和传统的金融市场相比，最突出的特点就是交易成本急剧下降而交易效率极大提高，更重要的是天然形成了打通全球流动性的市场。所以传统的金融是"固体金融"，虽然也有牛市、熊市，但它们就像地震一样随机性很强。而加密数据金融是"液体金融"，交易中"摩擦系数"的大幅下降，意味着如大海般周期性的潮起潮落是非常普遍的现象。传统金融人士就像陆地上的长跑选手，而玩加密数据资产的就像大海中的冲浪选手。两者的可比性真的不大。

当然我们觉得越往后，加密数据金融市场还是会有熊牛之分，但已经不再会暴涨暴跌了。

前几轮财富共识总是脆弱的。任何一个财富共识刚开始形成时都很脆弱，不管是华尔街股市还是银行发行的纸币，都经历过多次崩溃。相比之下，我认为比特币已经算表现得非常优秀了。

我们认为比特币未来早晚会成为主流。中国的比特币社区有足够的流量，代表了拼多多那样的互联网下沉打法，我相信他们在未来加密数据资产化运动中会占有应有的位置，但是他们必须要会利用 DeFi 这样的智能合约工具和全球加密资产的主流打通。

区块链国富论
论全球信用
算法共识的
未来财富

第6章 从牛顿力学的实在观到量子力学的实在观

现在以蚂蚁金服为代表的中国数字经济已经充分证明：大数据能够发掘出传统金融无法企及的很多关联信息，并能为用户信用的建立提供更多资源，开始成为市场新的毛细血管，这实际上是在彻底改变传统银行的财富共识算法（详见第7章）。据了解，支付宝"借呗"的贷款违约率远低于传统银行。大数据的出现正在改变人类对宇宙世界的根本认知，新的实在观的诞生才是未来数字经济革命真正的核心。

我由于在清华大学和导师断续学习了二十多年的量子力学，所以对这种正在发生的认知范式的转变比较敏感，也结合区块链大数据写了一些文章。在一次接受《经济日报》的记者黄芳芳采访后，她表示读了那些我写的区块链和量子力学的文章后感触颇多："从量子力学的角度来看，我们眼见的实物只是世界的一部分，背后隐藏着错综复杂又符合逻辑的纠缠联系（直接看不见），这其实也是资产的一部分，需要数理环境加以描述。"她的背景是文科专业，却抓住了新的实在观本质的东西，让我佩服。在她的鼓舞下，我认为有必要详细解释一下这种实在观范式转变的前因后果，才能帮助读者理解为什么新的数据财富共识浪潮一定会到来。

后面两章涉及很多量子力学和计算科学的专业知识,没有兴趣的读者可以自行略过。

一个在清华大学形成的
新的实在观

———

20世纪90年代初,我有幸到清华大学攻读量子物理,在张礼先生和顾秉林教授的指导下,准备研究当时比较热门的课题:高温超导的量子物理理论。但是我很快发现,研究工作很难开展。这与我当时学术水平的高低并没有直接关系,主要是我虽然已经学了好几年的量子力学,但是并没有真懂,或者说并没有真信,量子力学和我当时已经形成的实在观无法调和。

其实我在硕士研究生期间的工作还是做得不错的,在李子平教授的悉心指导下,研究的是"量子规范场的拓扑结构和磁单极解的关系"。在清华大学的博士生面试环节,我的两位导师张礼先生、顾秉林教授(后来的清华大学校长),加上徐湛教授,听完我的论文陈述很是欣赏,也给了较高的面试分数。但是,我自认为还是没能真的搞懂量子力学,不能自己骗自己。

市面上也流传过一些介绍量子力学的文章，标题都起得耸人听闻，如鬼怪的量子力学、诡异的量子力学，等等。我相信这是一种普遍的感觉。所以，当时我觉得，再继续做博士生的研究，凑合写几篇论文，最后博士答辩，拿到学位，虽然可行，却有违自己的本心。所以，到1993年我就选择了放弃，按当时的说法叫下海了，就是从商了。我想我的导师们一定对此心怀芥蒂，但我也没有别的办法。

从商有成功，也有失败。最好的时候，我开发了中国第一个教育网站（云舟），1998年曾经跟新东方的校长王强交流过，云舟的年收入是他们的1/3，那算是我经商的高光时刻，当然也让我初步实现了财富自由，时间上也变得相对宽裕起来。

不曾想，一直以来的困惑又浮现在心头，那就是量子力学它到底告诉了我们什么？所以，后来我又去找导师张礼先生，包括顾秉林教授，常回清华大学去听他们的课。这两位导师有着伟大的人格，我本是半路逃兵，导师应该是最不喜欢这类学生的。但是，他们对我非常友善耐心，继续指导。

正好张礼先生在清华大学一直开了一门课——量子力学前沿问题。这门课他讲了很多年，把很多现在量子力学最新发展的前沿成果整合起来，融会贯通，这门课在清华大学的研究生群体中十分受欢迎。据说，杨振宁先生读了这门课的讲义，都跟顾秉林教授说（顾教授卸任清华大学校长一职后担任了杨先生创办的清华高等研究院院长），没想到张礼先生对这些问题的理解这么深。

所以，大概1998年以后，当我想重新探究量子力学究竟是什么的时候，自然就被张礼先生的《量子力学前沿问题》（清华大学出版社出版了张先生这门课的讲义，我也受邀参加了一部分校对工作）吸引了，并再次开始断断续续地学习。基本上，我的常态就是一半时间在公司里处理事务，剩下一半时间就溜到一个地方，自己去读量子力学，读不懂就跑到张先生那里去请教。有时候业务忙就中断一段时间，闲下来又恢复到这么一种常态，慢慢地就有了拨云见日的感觉。

由于一直半心半意地经营，2013年，云舟搞不下去了，资金链断裂，我只好决定放弃，廉价转让给别人经营。

那么，自己后面究竟该干什么，又能干什么呢？我犹豫了一个多月，后来下决心，哪怕没工作、没收入，也要坚持把量子力学真正学懂。所以我就找到导师张礼先生说："我什么都不要，就愿意跟着您继续学量子力学，希望把心中的疑团真正解开。"所以，从2013年起三年多的时间里，我连续听张礼先生讲量子力学前沿问题课程，一共听了4遍。当时顾秉林教授特许我平时待在阅览室里学习和研究，就在杨振宁先生的办公室旁边，各种讲座、研讨会我也都去参加。现在回头看，当时我拥有了中国最好的研究和学习条件。

2013年9月，我在一个微信群里碰到了校友邓迪，他当时办了一场语音讲座，由校友王学宗组织，讲了比特币。听完讲座，我一下觉得开了脑洞，觉得比特币全球去中心化网络和我开始理解的量子力学实在观特别契合。接下来的四年，我待在清华大学，一方面继续学习、研究量子力学，一方面研究比特币区块链。有时候去其他大学讲座布道，同时也进行一些比特币等加密数字货币的投资。由于研究得比较深入，投资最终也得到了回报，四年后我又第二次基本实现了财富自由。

现在回过头来总结，我在那几年中完成了从一个中心化的管治思维到去中心化的计算思维的转变，发现几个本来看起来风马牛不相及的领域，居然一下子变得互相之间可以协调统一起来，可以形成一个完整的逻辑系统，可以形成一个新的实在观。

牛顿力学的实在观

我们大部分人的实在观,甚至被称为唯一科学的实在观,是在从初中、高中到大学一路学习牛顿力学的过程中建立的。后面我们将看到,它和量子力学以及大数据世界是不兼容的。

牛顿力学认为宇宙是由孤立的原子构成的,原子间除了相互作用外没有其他内在联系,原子会确定性地处于时空的位置,而且运动遵循确定的轨道,该轨道由牛顿三大定律决定。在这个实在观下,科学的任务就是通过数学方程把这个轨道解出来,这里其实假设了我们的宇宙必须遵循绝对的定域因果律。

如果从哲学层面来看,建立在牛顿力学基础上的实在观很容易得出宇宙未来完全可以预测的结论。因为,只要你能知道任何原子的初始条件(位置、速度、动量),了解到它满足什么样的动力学方程,就能预测它任意时刻的状态。但如果大家都按这种实在观去认识世界，就给每个人的思想套上了一个很大的框架，因为一旦确定了真理，你就只能沿着一条单向的轨道去运行，几乎没有别的选择，这是强制性的。而且在这样一条轨道上，过去、现在和未来是严格分离的，未来确定，但不会和现在同时存在，也不会互相影响。

牛顿力学的实在观在几百年前为工业革命奠定了基础。工业革命主要是机械的革命，发生了周子衡教授说的"生产大爆炸"。此外，牛顿理论毫无疑问能解释已经观察到的天体运动，三大定律取得了巨大的成功，当时对整个科学界的影响无疑是非常巨大的。

后来，法国著名的数学家拉普拉斯把牛顿力学这套实在观拔到了一个至高无上的高度。拉普拉斯说，既然用牛顿方程能预测万物运行的所有轨道，一切存在的未来状态都是可以完全确定，我们就能想象一个至高无上的神灵，他能计算出未来宇宙的所有情况，包括我们人类社会发展的所有未来。后来，物理学界就把这样假设的神灵称为"拉普拉斯妖"（如图6-1所示）。

图 6-1 能计算出宇宙中所有原子确定
轨道的拉普拉斯妖

拉普拉斯妖的理念为中心化思维提供了理论依据。根据这个理念，我们能够指望靠中心化思维指导未来所有的发展、洞见未来所有可能出现的情况、解决未来所有的问题。

历史已经无情地告诉我们，市场经济是不可能在拉普拉斯妖这种指导思想下正常运行的。

量子力学带来了对世界全新的认知

———

量子力学的世界观和牛顿力学确定性的原子世界观格格不入，导致直到今天，整个认知范式的转型还远远没能完成。

那么，量子力学究竟揭示了一个什么样的世界呢？让我们从单电子双缝干涉实验讲起。费曼在《量子力学和路径积分》中就说过，谁要是把这个实验搞懂了，他就懂了一半的量子力学。张礼先生也把这个实验放在了他的《量子力学前沿问题》的最前面。

图 6-2 中，最左边的电子枪在实验中确保每次只发射一个电子，向右通过双缝 S1 和 S2（具体通过的是哪一条缝未知），再向右打到最右边的屏幕 P 上形成一个亮点。电子枪在很长的一段时间内发射成千上万个电子（实验保证先后发射的电子之间没有相互影响），观察所有电子的亮点呈现出来的模式。

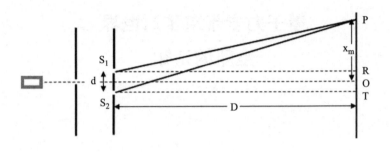

图 6-2　单电子双缝干涉实验

在费曼的时代（20 世纪 60 年代），这个实验的条件并没有具备，卡在了单电子枪上。直到 1989 年，单电子枪才由日本的殿村教授制造出来。殿村教授的设计保证电子枪的确每次只发射一个电子，且在电子打到屏幕前不会发射第二个电子。

根据推测，如果电子枪每次只打出一个电子，而且电子的确像牛顿原子模型那样沿确定轨道行进，那么显然面对两条缝，它每次只能钻过一条，最后打到屏幕上形成一个亮点，最后，牛顿力学预言我们应该能在屏幕上看到对应双缝的无数亮点累积形成的两条亮纹（图 6-3）。

但实际上，殿村教授的实验结果和量子力学的预言相符，如图 6-4 所示。

第6章 从牛顿力学的实在观到量子力学的实在观

图6-3 牛顿力学对单电子双缝干涉实验结果的预测

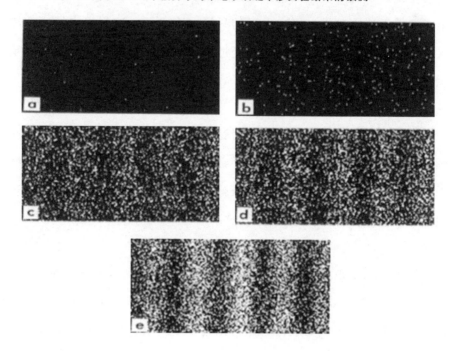

图6-4 单电子双缝干涉实验的实际结果

这张实验结果的相片是张礼先生亲自写信向殿村教授索要的,后来转给了我。本实验结果在他的《量子力学前沿问题》一书中也有论述。[一]

如果大家能回忆起高中物理知识,就会发现图6-4很像某种波的双缝干涉。当波同时穿过两条缝,就会形成这种干涉图案。但是,单电子双缝干涉实验中,每次发射的只是一个电子,这就提出了一个惊人的暗示:难道这一个电子同时经过了两条缝吗?这和我们的常识是完全不符的。

张礼先生在《量子力学前沿问题》课程上展示了下面这样一幅漫画:一位物理学家在听说一个电子必须同时经过两条缝才能形成双缝干涉条纹后,产生的诡异感觉就像画中一个滑雪者同时从左边和右边绕过了一棵大树一样(原图有改动)。

后来,还有很多实验得出了类似的结论(如Aharonov-Bohm效应)。想象一下,如果你真的在现实中看到一个滑雪者同时从左右两边绕过一棵大树,第一反应肯定是遇见鬼了。所以,量子力学给人的感

[一] 张礼,葛墨林.量子力学前沿问题[M].北京:清华大学出版社,2012.

觉，一开始就是很魔幻的。

图 6-5　不可思议的滑雪者

从 20 世纪二三十年代起，物理学界围绕量子力学开始了激烈的争论。以玻尔、海森伯等为代表的哥本哈根学派和以爱因斯坦为代表的传统物理权威之间产生了巨大的分歧。海森伯、玻尔基本认为基于牛顿力学的因果决定论是不成立的，他们相信量子力学已经颠覆了牛顿力学，但是爱因斯坦在一些公开场合发表了反对的意见。

海森伯不确定性原理明确指出：任何一个量子的位置和动量（速度）是不可能同时精确测量的。这个量子力学原理已经被无数实验证明，但我认为这还没有揭示出量子实在的本质问题。后来我查资料，查到了爱因斯坦于 1933 年在牛津大学做过的一个演讲，觉得虽然很多人认为爱因斯坦是反哥本哈根学派的，也就是反量子力学主流的，但是他思考的深度也是确实一般人无法企及的。

在爱因斯坦看来，如果一定要接受海森伯不确定性原理，就必须放弃对量子的完全定域的描述。爱因斯坦确实抓住了本质的问题：量子力学描述的存在和牛顿力学有本质的区别（非定域和定域）。

也就是说，一个原子确定地存在于时空的某一个点（更不要说有确定的轨道）这个概念在量子力学中是不成立的。这与我们一般人的实在观好像非常不符，我也为此困惑了很多年，但是后来确实慢慢转过弯来了。

大概在 2000 年前后，我开始认为描述量子的波函数是整体性的，不能被确定的时空点分割。一种整体的性质，也许分析得越细致、越具体，整体性信息丢失得就越严重。后来，我把这个想法向导师张礼先生汇报，张礼先生沉吟了片刻说：“你说的波函数的整体性，有点意思。”这句话对于我后来继续学习量子力学有巨大的鼓舞和指导作用。

还是在 2000 年左右，我当时和清华大学数学系主任文志英教授探讨量子力学，文教授说道："现在还有人争论说，量子波函数到底存不存在？"注意这样的争论不是毫无意义的，因为量子的波函数真的是看不见的（波函数模的平方最后对应实验的大数据统计结果），但它显然代表了量子整体性、非定域的存在方式。

我们对世界的日常观察其实是管中窥豹，看到的都是局域，只看几眼的话，观察到的结果就是随机的、不确定的。但这个世界其实是一个整体，是非定域的，就像豹子本身，必须观察很多次，它的概念自然就出现了，只有大数据才有可能揭示出这个世界的整体性存在。从殿村教授的实验还可以看出：实际上是量子力学首先把大数据的方法引入我们的视野中的，比互联网时代"大数据"概念的产生早了几乎一百年。殿村教授的实验结果还揭示了计算科学中"类型数据也是函数"这一重要理念。这是我在顾学雍教授推荐的图灵奖获得者达纳·斯图尔特·斯科特（Dana S. Scott）写的《数学计算理论概论》（*Outline of a Mathematical Theory of Computation*）一书中读到的。据顾老师介绍，这本书奠定了计算科学的基础。"类型数据也是函数"的观点是说，类型大数据之间存在一种天然的关联，并能用函数表示。我读到这一点时觉得很兴奋，连夜给顾学雍教授打电话，说：我发现斯科特说的计算科学的数据类型元集（LATTICE）概念完全可以和量子的概念类比，其实他说的"类型数据也是函数"这个观点背后的本体论就是量子的非定域整体性,这是其可计算的根本,顾老师马上表示同意我的观点。

在量子世界这个大数据非定域关联的世界里,牛顿力学的定域因果律就不是必然正确的了。

实际上,真实的世界就是量子力学为我们揭示的世界,它是一种整体性的存在。光看几眼是感觉不到整体性的,只能得到随机信息。必须靠足够大量的数据才有可能一点一点拼接出世界内在的关联,并且要有正确的实在观和科学方法,才有可能了解这个世界的整体存在方式。后面我们将详细分析这个实在观,它为新的数据财富共识打下了基础。

东方神秘主义整体观的启示

当人类的科学进入量子力学阶段,会突然发现传统西方研究主要以分析、解剖等方法得到的结论往往丢失了本原的东西。科学的终极目标好像就是为了找到"规律",注意规律这个词,是典型的从牛顿确定性轨道演化来的。人们开始发现这套思想方法论慢慢地对于认知和研究世界的乏力。而另外在历史上被归入非科学的,甚至东方的一些哲学的思想,反而体现出感悟到了世界本原的一种整体观智慧。

图 6-6 左边是玻尔自己设计的族徽,中心是中国古代的太极图,上面的拉丁文意思是:"对立即互补"。右边是纪念币上的玻尔头像。

张礼先生在《量子力学前沿问题》课程中讲了一个故事,引述了图 6-6,这个故事也许能让我们猜猜玻尔当时受到东方神秘主义思想的哪些启示。玻尔在量子力学发展早期曾做出巨大的贡献,后来获得了诺贝尔奖。丹麦女王当时准备授予他贵族爵位,按丹麦的传统,授勋仪式需要族徽,丹麦的贵族都有族徽,但是玻尔家世代平民,没有族徽。因为授勋仪式感很强,族徽不能缺,玻尔就自己动手设计,他把中国的太极图(阴阳鱼)设计在族徽的正中央,如图6-6。

图6-6 玻尔自己设计的族徽

太极图完美地表现出整体与现象的互补共生的观念,很符合老子的《道德经》中很著名的思想:"有无相生"或者叫"有生于无"。按西方的逻辑来说这是矛盾的,无应该什么都没有,怎么会产生有呢?这就是看不见和看得见的关系,无代表本源的整体性,有代表局域的现象,他们永远是共生的,可以相互转化,但永远不能分离。这是一种极高境界的动态整体观。

很多人讨论量子力学喜欢牵涉佛教,我不太懂这个,但是也读过几本禅宗的书，常常感到击节之妙。据说，印度高僧达摩在中国始传禅宗，"直指人心，见性成佛，不立文字，教外别传"。禅师几乎不给自己的徒弟讲逻辑，有的是经常"当头棒喝"，目的是让徒弟悟到那个"空"，那个世界的本体。如果徒弟幡然悟道，那么世界就完全变了个样子，虽然以后吃饭还是吃饭，穿衣还是穿衣，但是已经领悟到生命和宇宙的终极意义，达到马斯洛和冯友兰说的"自我超越"。回想起来，这二十年来，在向张礼先生学习量子力学的过程中，正是数次的这种点睛之妙，让我真正进入了量子力学的世界。

所以，现在我们越来越开始清晰地认识到量子力学的实在观。在认识论上，我们不能说光谈技术，什么量子通信、量子计算，那只是术的层面，如果真正从道的层面去看，量子力学给人类对宇宙的整个认知带来的冲击，我认为是彻底的，让人类开始认识到这个世界除了我们看见的表面的局域现象以外，后面还有整体性的存在。

当然，西方科学已经开始在这方面做出修正。曾有很有名的一本书，30多年前我也看过，叫《物理学之道》，就是在反思或者说在修正原先基于牛顿力学的这一整套思想。

图6-7的简单等式中有三个元素："＊""●"和"○"，左边代表

两次局域的观察：第一个观察到"●"和"○"有关联，但和"＊"没关系；第二个观察到"＊"和"○"有关联，和"●"没关系。但是整体看，根据范畴论的等式，"＊"和"●""○"三者都有关联。所以只靠牛顿式的分析和分解的办法对世界的了解经常是不完备的。范畴论是这样一种数学：首先从关系的角度研究对象，不丢失最本源的整体性。

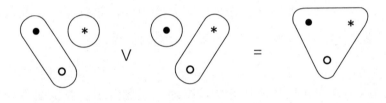

图6-7 范畴论的一个简单等式

图6-7就是现在兴起的范畴论最简单的一个范例。范畴论是顾学雍教授向我反复推荐学习的，它首先从关系的角度研究世界，不丢失整体性。顾老师认为范畴论未来会超越微积分成为描述宇宙的数学基础。麻省理工学院的文小刚教授也认为它可以用来描述量子纠缠序。这是和微积分完全不同的一种数学思想。

以关系和整体的观念认知世界，东方还有一个代表性的思想体系就是围棋。在围棋的规则中，一个孤立的棋子是从来无法在棋盘宇宙中单独存活的（可以对应单个的时空点在量子力学中无法孤立存在），必须和其他棋子产生关联，存在的整体性是通过"两眼成活"的规则保证的。围棋的双眼存活规则是爱因斯坦量子整体非定域存在的生动具象。注意，围棋的"眼位"，是一个标准的满足数学拓扑不变的概念（就像一个绳结整体性存在，其拓扑结构不因绳子的连续伸缩的改变而改变）。我曾经和芮子文讨论过，这对于量子整体性的最小信息熵 ln2 的存在及其拓扑，是有很大启示的。（关于量子最小熵的论文我和芮子文及麻志浩教授已经写了一个初稿，正在不断修订完善其中的概念和数学证明。）

围棋的博弈，核心就是围绕着看得见的"占地"和看不见的"取势"之间的平衡取舍。新手往往仅仅关注"占地"，所谓"金边银角草肚皮"。但高手是放眼整个棋盘宇宙的整体关联性的。

20 世纪 30 年代，中国年轻的天才棋手吴清源（21 岁）挑战日本棋界的最高权威本因坊秀哉名人，这局棋引起了全球棋界的关注。吴清源第三手下在了棋盘的中央"天元"的位置，这是自打有围棋以来从来没有人尝试的下法（因为表面上看开局阶段在中央落子完全占不到实地，一般人会认为是废子，甚至日本棋界有人认为是吴清源戏弄前辈）。这是吴清源和木谷实反复研究的"新布局"下法。真正在认知上突破的,是传统围棋界布局阶段注重边角实地的下法,大大重视了整个棋盘宇宙的整体性关联。(此手一出,不仅震惊天下,连秀哉名人自己也不知所措,利用不平等规则马上宣布对局暂停)。吴清源从此一战成名,随后统治了世界棋坛二十年,被誉为围棋界的爱因斯坦。我常常设想:如果当时玻尔和海森伯都懂围棋,知道远在东方的吴清源对棋盘宇宙"整体性"的认知就有这种极高智慧,是不是能够改写量子力学的发展历史?

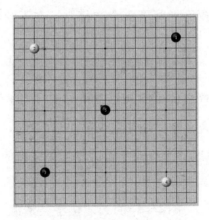

图6-8 吴清源的第三手棋下在了"天元"位置

我看到西方思想中,真正对于世界整体性本源认识的比较深刻的是马斯洛的整体性心理学。我在2000年年初的时候就读了马斯洛的著作，对其中这句话印象很深刻："相对于基于牛顿分析解剖原子论的行为主义和弗洛伊德心理分析，我将更加强调人类心理的整体性特征。"他的整本书就讲了一套整体心理科学方法论。

其实，马斯洛的整体性心理学跟我们的常识是相符的，如果我们要理解生命，尤其是心理的本质，怎么可能只去解剖尸体？解剖得再好，解剖得再细，解剖学研究得再透，都会丢失最本质的生命整体性特征，这就是他最基本的思想方法论。我认为，在这方面，马斯洛是西方思想家的先驱者。

所以，如果你开始建立了对世界的整体性的看法，有了新的认知，那么就能开始理解量子力学，没有什么奇怪的。比如费曼解释量子双缝干涉实验，他说："一个过程，如果有两个以上的路径选择，那么一旦决定采用其中某个选择，就破坏了两个路径之间的（整体性）关联。"[一]这句话说得非常到位，就是说本来量子的存在是看不见后面整体性的关联的，但是如果你非要仔细去看，如果真的看到这个量子到底是通过上下哪个缝的，并且确定下来了，那么这种整体关联就破坏了，这恰恰是我们日常生活看到的一些现象的解释（包括后面会谈到

[一] R.P.费曼，A.R.希布斯.量子力学与路径积分[M].张邦固，译.北京：高等教育出版社，2015.

的薛定谔的猫）。

费曼说的这段话，后来启迪了麻省理工学院的 Pritchard 团队进行了长达十年的实验探索，张礼先生也几乎跟踪了十年，每年都在他的《量子力学前沿》课程里详细讲述这个实验。记得 2016 年上课的时候，张先生了解到清华高等研究院的一个博士生后来就在麻省理工学院做研究，和 Pritchard 团队有合作。张先生还专门给他发了信，询问了一个十年都没太搞明白的实验光栅细节问题，最终得到了满意解答。麻省理工学院的这个团队，就是想探究量子双缝干涉实验，量子究竟走哪个缝？他们就把探测器放在一个缝的后面，看能不能看清楚电子到底走哪个缝，然后就不断做实验。当然具体的实验过程很复杂，实际上靠光源让光子去纠缠电子，然后不断地测光子，通过一个光子和电子之间的散射，分析得到的光子的信息来确定电子究竟是走上一个缝（1S）还是下一个缝（2S）（参看图 6-2）。

最后，实验结论越来越清晰，他们后来不断地测试跟电子发生散射的光子来分析量子的路径。根据他们得到的一个图表，随着光子的信息透露，电子的路径也是一点一点透露的。在检测中，他们并非立刻明确地知道某个特定电子穿过哪一条缝，而是利用概率学分析，通过大数据，最后采集到的光子的信息确实足够了，才可以判断电子究竟走的是哪个缝。但使用这个检测方法，电子的路径信息明确以后，正如费曼所预言的，两条路径之间的干涉信息就没了，殿村教授的实验中累积出的明暗相间的条纹消失了，最后得到的是符合牛顿力学预言的确定的两条缝。因此，该实验证明了这样的结论：如果侧重于局域路径的明确性，就像范畴论的等式图6-7，那将丧失整体的关联性信息。

本来电子同时走两条路径它是关联的，是看不见的，但是非要想看见局域路径，这种整体性的关联将消失。

所以，这个实验很伟大，它展示了从看不见的整体关联到局域路径的连续性。从这里出发，你要去理解薛定谔的猫也很容易，薛定谔的猫不外乎讲的就是让猫死和猫活两个状态去纠缠一个量子的衰变过程（关于量子纠缠就看下一节）。这本来是一种整体关联状态，但是如果你真能看见猫（对应着薛定谔设计的那个盒子打开），这种纠缠的整体关联将消失，你只能看到猫死或者猫活的唯一状态，这和我们的常识并无不同。

下面，我们就要解释一下为什么一定会有量子纠缠。

量子纠缠之谜

在解释量子纠缠之前,我们需要对爱因斯坦所说的量子的"非定域性"下一个比较准确的数学定义。

乍一看,这个问题很简单,但其实花了一百多年都没有完全解决。它关系到量子存在本质的描述,因此非常重要。

对应爱因斯坦的"非定域性"概念,量子力学的主流学派最早提出的是"叠加性原理",也就是量子必然同时存在两个以上的叠加状态。但这个"原理"缺乏数学描述,数学家们甚至拒绝承认它是一种科学理论。

这个问题居然拖了近一百年才由潘建伟的导师安东·塞林格(Anton Zeilinger,奥地利科学院院长)和卡斯拉夫·布鲁克纳(Caslav Brukner)合写了两篇文章才开始得到解决。这两篇文章是上海交通大学数学系的麻志浩教授推荐给我的,我反复读过,学到了不少。安东·塞林格和卡斯拉夫·布鲁克纳用 MUB 基的概念（Mutually Unbiased Bases,非正交互补基）,证明了一个量子的完备信息描述（幺正不变的测量信息熵）,光靠一组测量基是不够的,必须有另外几组非正交互补基。麻志浩教授和我在 2018 年曾经基于安东·塞林格和卡斯拉夫·布鲁克纳的工作想证明量子的完备信息测量存在最小熵（也就是一个量子的幺正不变的完备测量信息熵不能小于一个最小值 ln2）,文章写出来了,但我们对于证明过程还不满意,所以一直没有发表（关于量子非定域性和熵的关系,我后面会介绍一系列科学成果）。

如果我们最终证明了量子幺正不变最小熵存在,这将是爱因斯坦量子非定域性数学描述的基础。虽然工作还没有完成,但是,我们坚信最小熵是存在的,这应是宇宙信息的起源。和清华大学的顾学雍教授讨论,他也同意这应该对应前面提到的达纳·斯图尔特·斯科特计算科学的数据类型元集（LATTICE）概念,应该也是后面要讲的麦克斯韦妖和计算科学兰道尔原理的基础概念。

虽然这些科学研究工作还没有最终完成,但它们已经让我们能够开始理解量子纠缠,并尝试建立它的数学理论了。

爱因斯坦、波多尔斯基和罗森的 EPR（Einstein－Podolsky－Rosen）组合在 1935 年发表了一篇震惊世界的挑战量子力学实在论的论文：《能否认为物理现实的量子力学描述是完备的？》（Can Quantum－Mechanical Description of Physical Reality be Considered Complete?）他们的本意是从牛顿力学的实在论出发（凡是与牛顿力学原则不符的，都是不完备的理论），否定量子力学主流学派的实在观，认为量子力学的世界观并没有否定牛顿力学的实在观，前者本身就不完备。

EPR 组合给出的物理模型特别简洁：两个一模一样的量子（量子 1 和量子 2）理想碰撞后分开得尽可能远，由于量子 1 和量子 2 必须满足不确定性（非定域性），也就是必须同时处于两个以上的状态的叠加。但假设我们测量量子 2 的动量 P，由于两个量子在碰撞后分开得足够远，根据爱因斯坦的相对论，它们不可能有实时的联系，所以对量子 2 的测量将完全不能影响量子 1。但是根据动量守恒（直到 20 世纪 50 年代杨振宁、李政道发现的弱相互作用宇称不守恒，量子力学没有破坏经典物理的动量守恒定律），量子 1 的动量也完全确定了（同样应是 P，但方向相反）。同样，如果我们确定了两个量子的动量（速度），那么我们只需测量量子 1 的位置，也就完全能够确定量子 2 的位置，这样海森伯不确定性原理就不成立了，所以量子力学的描述不完备。

这么简单的模型就把量子力学的核心概念（不确定性实在论）否定了，当时真是令世界大哗。这是一篇在科学历史少有的没有引述其他任何研究成果的论文，却发挥了巨大的影响力。这对以玻尔和海森伯为代表的量子力学主流学派形成了巨大的压力，也是对量子实在论的真正挑战。

后来，无数物理学家加入了这场论证并持续研究，最后得到的主要成果是：如果想让量子力学不破坏动量守恒定律（以及其他一切经典守恒定律），同时又要维护量子力学的非定域整体实在论（必须存在不确定的多态叠加），那唯一的理论出路就是承认量子1和量子2永远存在某种非定域关联（也就是测量量子2的任何物理值都必然同时确定量子1的对应值，不管它们相隔多远），这就是量子纠缠。爱因斯坦对这个概念同样不能接受，因为它在表观上违反了他的相对论（原子之间不存在超光速相互作用），他称之为"鬼怪式的超距作用"。

量子纠缠是否存在？这就成了量子实在观是否能够真实成立的重要判据，也成了当时量子力学界的最大悬案。

后来，对这个问题贡献比较大的是大卫·玻姆（David Bohm），他把 EPR 组的动量守恒问题转换成角动量守恒问题，结论是两个自旋 1/2 角动量守恒的量子相互作用以后一定会形成自旋纠缠态，这个就是后来著名的 Bohm 基，后面无数的量子通信的方案设计都是基于这个概念之上。

当然，Bohm 基最大的贡献还是启发了约翰·斯图尔特·贝尔（John S. Bell）发现了贝尔不等式，并且推演出一个伟大的定理：如果量子纠缠存在，那就会最终破坏贝尔不等式。而牛顿力学的实在论（定域因果确定性）将永远不会破坏贝尔不等式。这把量子纠缠的公案终于纳入了科学的轨道，也就是最终可以让实验辨明是非。

无数的物理学家加入了这场实验大军，也不断有实验成果发表，也不断地引发新的质疑，又引发新的实验。最终，这个公案基本结束于法国物理学家阿兰·阿斯佩（Alain Aspect）工作组的著名实验，该实验几乎没有疑义地证明了：量子纠缠会破坏贝尔不等式，牛顿力学的实在观被否定了。

这是一道分水岭，从此，量子力学非定域整体实在观（代表现象是存在量子纠缠），终于被物理学界普遍接受了。

非学术界对这个问题的讨论更具有娱乐色彩,其典型例子就是"薛定谔的猫"(图6-9)。

图6-9 薛定谔的猫

薛定谔假设了一个理想的实验,将一只猫关在装有放射性粒子和一些氰化物的密闭容器里。粒子的衰变存在概率,如果发生衰变,会触发机关打碎装有氰化物的瓶子,将猫毒死;如果不发生衰变,猫就能活下来。根据量子力学理论,由于放射性粒子处于衰变和没有衰变两种状态的叠加,猫理应处于死猫和活猫的叠加状态。这只既死又活的猫就是所谓的"薛定谔的猫"。薛定谔在1935年和爱因斯坦讨论后设想了这个场景,以表达量子纠缠的概念和我们日常的实在观有多大的冲突。

但是，根据我们上面的分析，解决这个悖论并不难。你只要打开盒子去看就行了。一旦你看清楚了猫的状态，就相当于破坏了原来纠缠的整体的关联性，因此你就只能看到一个结果，要么猫已死了，要么它还活着。

2005年前后，受清华大学的师兄龙桂鲁教授邀请，我经常参加博士生的量子信息小组讨论和全国的学术会议。我后来就和邓富国博士有过讨论，我说有没有可能证明一个普遍性的定理，就是量子非定域性叠加原理结合经典守恒定律就能直接推导出量子纠缠的存在。邓富国博士认为有可能。非常遗憾，邓富国博士后来到北京师范大学任教授，却因病过早去世，我们的研究工作没能展开。

到了2014年，我被两位导师接纳又回到清华大学继续学习和研究。当时张礼先生建议我能做一些具体的研究课题，我又把这个定理证明的设想提了出来，张先生表示这个可以尝试。我就利用Bohm基，从一个满足自旋角动量守恒的Zurek哈密顿量出发，希望导出多个自旋量子的纠缠态。后来遇到多维矩阵的计算，我还找了另一个清华大学的师兄段文辉院士帮忙，段文辉师兄非常热情地让自己的博士生协助用MATHEMATICA工具去计算，但是算到五个自旋的时候就算不下去了，当时我对自己的数学能力十分失望。幸运的是我后来遇上了伯克利数学系的芮子文。我们本来也是在一个讨论群里相识的，觉得相互间的理念有共同之处。他在2016年回国后来清华高等研究院找到我，我们讨论了一下午，但是没能讨论出具体工作方案。直到2018年我到了纽约，在哥伦比亚大学做访问学者，芮子文也正好到了纽约大学石溪分校做物理博士生，我们终于可以常常见面讨论了。当时，我们讨论到量子纠缠的现象应该和某种非平凡拓扑相关（注意拓扑学是天然用来描述空间整体性质的数学理论），而经典守恒律代表了空间的某种对称性质。芮子文发现不同量子的空间为了满足这些对称性应该刚好连接出不同的拓扑结构，我认为费曼路径积分应该是研究这个拓扑的最好工具（因为可以整体性地处理各种量子非定域路径）。芮子文不愧是加利福尼亚大学伯克利分校数学系出身，很快就证明了初步的结果（张礼先生后来把这个论文初稿推荐给杨振宁先生，得到了正面的回应。杨振宁先生向张礼先生打听芮子文和韩锋两个作者是谁，说希望当面讨论一下。但可惜一直没能抽出机会见面得到杨振宁先生的当面指导）。虽然这个工作到目前为止我们认为还有一些关键点没有找到恰当的解决办法，但是我们都在努力。2020年因为疫情我们都在国内，经常在上海讨论，不断有新的进展，我们都相信量子纠缠的拓扑数学之谜被解开的日子，不会太远了。

芮子文和我在研究量子纠缠的拓扑数学中还有这样一个背景：在 2019 年芮子文在向我推荐了莱布尼茨关于单子（Monad）的文章《The Monadology》（单子论）。我当时初看了一下，不太懂。一年后，顾学雍教授又向我力荐这篇文章，说是计算科学的基础。首先这令我很吃惊，因为芮子文和顾学雍来自两个完全不同的专业背景（前者是微分几何和量子纠缠，后者是系统论和计算科学），而且他们两个原来不认识，也从来没有直接交流过，居然相隔一年都向我推荐莱布尼茨的同一篇文章，让我不得不认真阅读学习。这次认真学习了以后，我感到前所未有的震惊。莱布尼茨的单子概念是这样的，它是一个整体，没有部分，所以只能整体地"产生"和"湮灭"，也没有其他的信息"窗口"。让我震惊的是，莱布尼茨在哲学上三百年前就提出了一个很接近"量子"的概念，而且很自然地暗示了量子有"最小熵"信息，是和外界无关的"物自体"（就是信息来源于自己的内部本质）。而在牛顿力学实在论中所有原子的信息都是由外在其他事物的相对关系反映的。作为量子的基本粒子只能整体地产生和湮灭，这也由量子场论完全证明。莱布尼茨几乎和牛顿是同时代的，以前只知道他和牛顿在微积分理论的发明权上有争议。顾学雍教授现在指出：莱布尼茨提出的基于符号逻辑的辨证方法（莱布尼茨曾提及他受到了《易经》的双值逻辑编码系统的启发）以及单子概念，在某些认知上远远超越了他的时代。

现在我完全能理解芮子文为什么一年前向我推荐了单子的概念，因为芮子文在 2018 年于纽约与我合作时就发现如果两个量子相互作用，要满足某种时空对称性的话（也就是像爱因斯坦 EPR 团队强调的动量守恒律），两个量子的时空必须互相粘接出某种非平凡拓扑（就是量子纠缠），而且他们的非平凡拓扑纽结关系满足 YANG-BAXTER 方程（YANG 指杨振宁）。后来 2020 年 5 月，我到成都和北京大学的徐兵杰博士（他在成都负责一个国家信息技术实验室）讨论了三天，我们讨论到量子的本质，认为希尔伯特空间的狄拉克态矢系统并没有描述完全量子存在的本质，最核心的概念是：每个量子有自己的单子时空。后来我向芮子文总结说：这才是我们能发现量子纠缠拓扑数学的物理时空基础。

量子实在观、纠缠和熵最大原理

我在清华大学的面试导师徐湛教授有一次和我讨论说：量子的世界很完美，但是还是有一个不完美的尾巴——它和宏观的世界（尤其是宏观测量）没有一个很好的连接。

我在 2000 年前后有了量子非定域整体性的概念以后，就经常困惑于它和现实的宏观世界之间的关系。

一些传统的物理学专业人士坚持认为：微观的量子世界和宏观的现实世界本来就是两个世界，它们遵从不同的规律。我从来不满意这种认识。三十年来我坚持研究量子力学，就是为了对世界有一个统一和谐的认知，绝不是只想解释微观世界。

在 2008 年的一个早晨，我突然意识到，熵增大原理所表现的现象应该就是量子非定域整体性以及派生出的纠缠造成的结果。换句话说，信息熵很有可能是量子非定域性整体性的某种宏观描述。当然，我的这种灵感一定是受到清华大学数学系原系主任文志英教授的某种启示。因为他向我解释什么是拓扑熵的时候就说，对一个拓扑空间的流形，我们用一种测度去覆盖它，但是不同的覆盖精细度不一样，标度变化反复覆盖结果极限的上确界就是拓扑熵，这非常形象，也非常深刻。文教授讲的这个概念影响我很多年，所以后来我很自然地联想到：熵的概念是不是也可以覆盖描述量子非定域整体性？（管中窥豹中的那个"豹"）

当然，我们首先要复习一下熵的概念是什么？

熵这个概念最早是由德国物理学家玻尔兹曼发现的，但是在他的有生之年，这个概念一直没有被主流物理学界接受。后来，人们在他的墓碑上刻上了熵的公式：$S = k\log W$（公式的左边 S 代表熵；右边 k 现在叫玻尔兹曼常数；$\log$ 是对数；W 最关键，它代表系统可能到达的物理状态的数量。这是不是和量子非定域整体性中的多态 W 叠加很相似？）熵的概念描述了系统的复杂程度，在热力学中，一个孤立的热力学系统最终将自动达到熵最大状态。在信息学中，香农发现这个公式可以用来完美度量信息，所以信息学中的熵也叫信息熵（系统越复杂，可能性越多，信息量越大）。

2008年这个联想让我兴奋莫名，但是接下来物理上怎么证明这种关联，我没有想出办法。

直到后来我看到一项物理成果，该成果巧妙地用数学方法证明了：量子纠缠系统的演化可以普适（只需要能级非简并的条件）导致热力学平衡状态。虽然作者没有能够最终证明这最后的状态是熵最大状态，但是已经提供了明确的线索：量子纠缠特性和熵有关。

这个想法最初来自30年前的塞思·劳埃德（Seth Lloyd），量子信息理论的奠基人之一，当时他还只有23岁，在英国剑桥大学哲学系读研究生，在这之前他毕业于美国哈佛大学物理系，后来他到麻省理工学院物理系做了教授。劳埃德意识到，量子不确定性（非定域整体性）以及这种不确定性导致的量子纠缠，很可能是孤立系统趋向熵最大的根本动因（那么熵是否直接反映了量子非定域整体性和纠缠？）。我读到的应该是Winter团队2008年的一篇文献，他们虽然还没有完成证明劳埃德的全部设想，但重要的是他们证明了量子系统局域达到最复杂的状态，并不意味着整体环境也需要熵最大。所以，我觉得他这篇文献的意义是解决了热寂问题。

2016年，我在清华高等研究院又读到一篇文献，更直接地证明：

一个孤立的量子纠缠系统，局域子系统经过演化能够得到和经典热力学熵最大兼容的遍历现象，并且做了实验证明。

到了 2017 年，我查到了一篇文献，讲述了哈佛大学一个团队做的 1 个六个电子的纠缠，他们测了其中三个电子的纠缠熵，最后的结论跟我在 2008 年想的一样，就是说局部达到了熵最大的状态。

图 6-10 是该实验的主要结论，A 和 B 分别是六个纠缠电子其中的三个电子子系统，S_A、S_B 分别是它们的瑞丽纠缠熵。实验结果显示，两个三电子子系统的瑞丽纠缠熵之和最后达到了熵最大（图中最

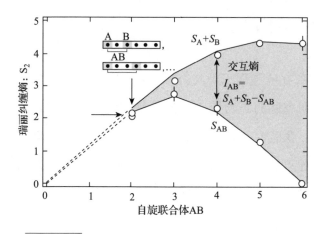

图 6-10　哈佛大学 Greiner 课题组量子纠缠与熵的相关性研究实验结果

上面的曲线），但是整体六个电子瑞丽纠缠熵 S_{AB} 最后还是保持为零。作者解释这是因为六电子整体的瑞丽纠缠熵是两个三电子系统的熵 $S_A + S_B$ 再减去两个子系统的交互熵 I_{AB}，所以最后为零。这个结论和 Winter 团队理论推演的结果一致，就是局部能靠量子演化达到热力学平衡态但整体不会，所以宇宙整体不会达到热寂。

2017年我在张礼先生的帮助下花了三个月才把他们的论文彻底搞懂，但是觉得很值。因为实实在在的物理科学实验做出来了，虽然只有六个纠缠电子，其中的局域三个电子它们的熵是趋近于最大（上图最上面的那个曲线）。后来我到了波士顿，就想追踪一下这个成果，尝试和他们的团队取得联系。

2019年我在麻省理工学院交流，后来正好在哈佛大学碰到了原来在清华高等研究院的郜勋博士，他是研究量子计算的，后来到哈佛大学做博士后。我就向他打听，哈佛大学这个实验组最近有什么新的结果了？因为如果这个实验在物理学中彻底把这条路走通的话，真正能彻底揭示熵最大原理和量子纠缠的关系，整个量子实在观从微观到宏观都能连到一起了。

但是，郜勋博士告诉我，他们的这个实验做不下去了，更多的量子纠缠在一起,要想测它们的纠缠熵,现在还测不到。后来这个实验组好几个博士生就毕业了,都分散在美国其他大学了,所以实验工作暂停了。很遗憾,不过科学的探索工作从来就是非常曲折而艰辛的。

但是不管怎么说,这些科学探索成果让我们看到了量子实在论扩展到整个宏观世界的曙光。

如果量子纠缠真如上面的科学理论和实验揭示的和熵有直接关系,那么量子实在论全面超越牛顿力学实在论的临界点就快到来了。因为牛顿力学的确定性因果轨道的实在观和熵最大原理从来就不能自洽,这一点不管是朗道和栗弗席兹的那本著名的《统计物理学 I》,还是控制论创始人维纳都有论述。尤其是,朗道的那本书的物理论证尤其令人信服(第八节),我还把它引述到和麻志浩教授的那篇有关最小熵的论文中。其实从"熵最大原理"这个名字就能看出物理发展的逻辑。如果它能够从牛顿力学实在论推演出来,在热力学中早就不是"原理"了,而应该叫"定理"。

如果量子纠缠真是熵最大原理的起源,那么我们能设想它也是物理空间的起源吗?这表面上看好像风马牛不相及,但是我在张礼先生的指导下反复研读朗道和栗弗席兹的《统计物理学 I》(张礼先生和葛墨林教授都认为这本经典著作"养分很足"），有了一个惊喜的发现。在英文版第十节，朗道和栗弗席兹仅仅从动量守恒和角动量守恒出发（注意：这也是爱因斯坦和玻姆导出量子纠缠的出发点），结合熵最大原理，非常完美地证明了，处于平衡状态的热力学系统具有"刚体"的性质。注意"刚体"这个概念在爱因斯坦相对论中是空间概念的基石○。但是和爱因斯坦在相对论中一贯坚持的任何物理概念必须有实证的基础（如他用光速不变原理实证了时间概念的相对性）相反，爱因斯坦在讨论空间概念时，完全回避了对"刚体"概念的实证，只是引用。的确，刚体这个概念在经典物理中只是某种特殊假设的固体原子构造（原子间距离在运动中保持不变），和经典物理真空真的联系不起来。但朗道和栗弗席兹却用熵最大原理初步完成了这个跨越。

文小刚教授曾经在很多文章和演讲中说过："量子纠缠是时空的起源。"我虽然和他请教讨论过几次，没完全搞懂他的逻辑和理论，但现在对他的结论，是越来越接受了。

量子力学的整体观，也让市场经济中一些整体性的纠缠关联（比

○ 爱因斯坦.相对论的意义[M].郝建纲，刘道军，译.上海：上海科教出版社，2005.

如：人脉关系、社会认知、创意思想、创新模式等），虽然局部看不见，虽然中间无法有确定性因果，也能够合理地进入人类的认知，进入社会经济资源运行体系，进入未来的财务报表，形成新的财富共识，这是区块链大数据时代的机遇。

量子实在观与未来

总而言之,越来越多的理论和科学实验证明,量子力学决不仅仅是某种描述微观世界的理论,而是奠定了一种革命性的实在观的基础,是未来我们理解整个宇宙的出发点。

正是由于量子力学的实在观和大数据能为我们揭示传统牛顿力学所无法揭示的那部分原来看不见的整体关联的世界,这为未来全球新的财富共识展开了极为广阔的空间。

我在撰写本章的过程中,脑海中不断浮现导师张礼先生穷极一生学习钻研量子力学的身影。即使他已九十高龄,听到学生谈起最新的一些量子力学前沿实验和理论成果,都睁大眼睛仔细聆听,并且要求尽快看到原始文献,甚至想办法和原作者联系,直接请教学习。我自然非常想弄明白,是一种什么样的精神支撑着一个人穷其一生学习和探索?他的终极目标是什么?在读到冯友兰先生的《中国哲学简史》，尤其是以下一段经典论述时，我终有所悟。这段话是这样的：

"人不满足于现实世界而追求超越现实世界，这是人类内心深处的一种渴望，在这一点上，中国人和其他民族的人并不二致。但是中国人不那么关切宗教，是因为他们太关切哲学了。他们的宗教意识不浓，是因为他们的哲学意识太浓了。他们在哲学里找到了超越现实世界的那个存在，也在哲学里表达和欣赏那个超越伦理道德的价值；在哲学生活中，他们体验了这些超越伦理道德的价值。"⊖

的确，以张礼先生为代表的老一辈科学家们的一生，就是不断追求超越现实世界存在的一生。他们带领我们这些后辈，在量子力学和整个科学体系中寻找终极答案。而这，我认为是中华文明未来的发展所不可或缺的精神。

如张礼先生这些老一辈的科学家们孜孜不倦的探索和追寻，不仅仅是为他们个人积累经验，更是为中华文明的未来嵌注了新的基因。

⊖ 冯友兰.中国哲学简史[M].长沙：岳麓书社，2019.

量子实在观和中华文明几千年来形成的整体性宇宙观有天然的契合，很可能成为中华民族迈向未来，迈向全新的宇宙论、全新的价值哲学体系的基础。

区块链国富论
论全球信用
算法共识的
未来财富

第 7 章 从分布式计算思维看财富共识的达成和计算

麦克斯韦妖元计算能够抑制
复杂系统的熵增

热力学熵增原理告诉我们,这个世界会走向混乱、走向混沌,但现实中我们却看到世界在许多方面正走向有序和熵减。这是为什么?

我对此一直困惑不解,尤其是逐渐理解了量子纠缠和信息熵的关系后,就更是想在量子力学实在观中寻找答案而不得,直到2012年读到清华大学龙桂鲁师兄推荐的一本他主编的书——《量子力学新进展》,其中收录了孙昌璞院士等撰写的一篇文献《量子信息启发的量子统计和热力学若干问题研究》,突然觉得茅塞顿开。孙昌璞院士在量子实在观的背景下介绍了麦克斯韦妖机制和兰道尔原理,也就是一种普适的元计算机制,能克服量子非定域不确定性,实现熵减。

我对这篇文献爱不释手,读了很多遍。

众所周知，麦克斯韦是电磁学理论的创始人。但他对热力学也有很大的贡献，其中最著名的就是后来被称为麦克斯韦妖的假想实验。麦克斯韦当年设想有一个充满热力学气体分子的盒子，并人为地在这个盒子中设计了一个隔断，把盒子分为 A 和 B 两部分，开始时盒子的 A、B 两边温度、密度都一样，显然处于熵最大的均衡状态。但是如果这会儿出现一个小妖，它识别 A 部分高于平均速度的"热"分子，并把它们一个个都通过中间隔断上的小闸门放到 B 部分去。反过来，它识别 B 部分低于平均速度的"冷"分子，并把它们一个个都通过中间隔断上的小闸门放到 A 部分去。这样用不了多少时间，这个小妖表面上不需要做什么功，只需要不断获得盒子中气体分子速度的"知识"，就能让系统开始远离平衡态并熵减（最后 B 部分的气体一定比 A 部分的气体更"热"，并可以自发形成热机效应对外做功，这就是第二类永动机，即自动熵减的系统）。

麦克斯韦妖的假想实验作为对熵增原理的直接挑战，居然困惑了物理学家一百多年。直到人类对于信息的本质开始有了认识，谜团才逐渐解开。

信息论的鼻祖毫无疑问是香农。香农最早致力于解决通信信道的效率问题：对于一组以固定概率出现的信号集（电信码），我们怎么用最小的资源（信号码序列）传递同样的消息？一般人可能觉得，越是确定的信号码（概率为 1，没有不确定性），越接近传递消息所需的最小资源，但是香农的结论恰恰相反，而且是有些反常识的。

举个例子：图 7-1 中有两个信号码盒子，左边那个盒子只有当概率是 1 时才出现一只老虎。如果参照上一章玻尔兹曼墓碑上那个熵公式（略去公式中的玻尔兹曼常数 k），这个盒子的熵为 $\ln 1 = 0$，这样的信息源对于传递其他消息的用途几乎为零。而右边的信号码盒子，每只小猫出现的概率为 1/5，也就是信号码有五个状态可以传递消息。用玻尔兹曼的公式算出右边盒子的熵为 $\ln 5$（有 5 个等概率信号码状态可以选择，略去玻尔兹曼常数 k），这个信号码盒子就有用多了。香农用严格的数学证明：传递任意一个消息的信号码最小资源，恰恰和玻尔兹曼的熵公式表述的一模一样（仅仅忽略了玻尔兹曼常数 k），所以香农直接把玻尔兹曼的熵公式（略去玻尔兹曼常数 k）用来度量他定义的"信息"，并命名为"信息熵"。在这里，特别要注意的是：按照香农信息（或者直接叫信息熵）的定义，越是不确定的信号码集才含有更多的信息。所以本书中，对于确定的消息，我们称之为"知识"，以示区别。

图 7-1 香农对信息的定义,越是不确定的信号集信息熵越大

有了香农对于信息本质的揭示,我们再来看麦克斯韦妖就清晰多了。实际上是这样一个过程:首先盒中气体分子的速度当然应该满足量子的非定域不确定性,所以每个分子的速度都是一个概率统计分布(而不是确定地处于某个较高或较低的值),换句话说,每个分子的速度都含有不确定的信息熵。麦克斯韦妖要测量这些分子,涂销它们在速度和位置上的不确定性,才能获得它们位置和速度的确定性"知识"。后面我们将重点介绍,这是一个典型的"计算"过程,计算获得"知识",需要耗散热量,综合起来不违反熵增原理(因为在计算获得确定性知识的同时,环境的熵增加了)。

后来，参加过曼哈顿计划的美籍匈牙利物理学家利奥·西拉德（Leo Szilard）用单分子计算机的概念，很好地说明了麦克斯韦妖的计算物理原理。

如图7-2所示：单分子计算机中只有一个量子（实心圆点），其初始时（a）处于量子非定域状态，量子等概率地处于盒子的左半部即A部和右半部即B部。也就是量子处于等概率的两个状态，此时量子的信息熵为ln2。（b）麦克斯韦妖想计算这个量子，最后得到确定的状态，它就必须推动一个活塞做功。（c）麦克斯韦妖做功的同时，计算机要保持和环境温度T一致，必须耗散kTln2的热量到环境中。

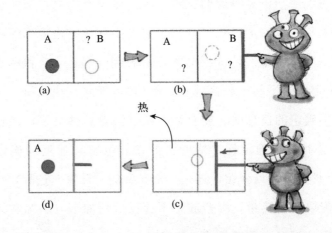

图7-2　用量子非定域不确定性理解麦克斯韦妖的单分子计算机

(d) 最后麦克斯韦妖 "计算" 得到量子的确定状态（确定地处于盒子的左半部即 A 部），但代价是必须做功并耗散 kTln2 的热量到环境中（T 是环境温度，k 是玻尔兹曼常数），从而保持计算机和环境系统不违反熵增原理。

后来，兰道尔在 IBM 实验室研究计算机的物理原理时，用热力学证明，如果你非要得到一个比特的确定性知识，或者是一个计算结果，就一定需要某个外力做功，同时会耗散掉一定的热量，这个热量用热力学是可以算出来的。兰道尔原理的结论就是：如果想得到一个比特的知识结果，至少要耗散 kTln2 的热量（涂销最小熵）。

后来，同是 IBM 实验室的查尔斯·本内特（Charles H. Bennett）证明，兰道尔原理和西拉德的单量子计算机是完全等价的。

现在麦克斯韦妖机制已经被公认为几乎所有计算过程的物理基础，它当然也符合我们的常识：不发热的计算设备是不存在的，区别只是效率高低而已。

孙昌璞院士的论文让我感到柳暗花明，原来我们看到的有序低熵世界是计算的结果。当然这个计算过程需要外力驱动，而且要耗散热量。后来顾学雍教授又向我推荐了一本名著，就是前面提到的量子信息理论的奠基人之一塞思·劳埃德的作品，书名叫《全宇宙编程：一个量子计算科学家眼中的宇宙》(*Programming the Universe：A Quantum Computer Scientist Takes On the Cosmos*)，基本的思想就是整个宇宙就是一台量子计算机，其中最根本的计算机制是靠麦克斯韦妖保证的，而且它明确提出：我们这个低熵世界中的一切有序现象，不管是生命现象也好，社会现象也好，驱动力的来源都是太阳，太阳是我们这个世界最大的麦克斯韦妖。

如果哪一天太阳真的能像一盏灯那样关了，地球上所有低熵有序现象都会崩溃。

要让一个系统保持低熵有序的状态，是一定需要麦克斯韦妖这种类型的计算机制的，也就是说一定要付出代价，这个代价就是耗散热量。任何生命现象都可以理解成一个分布式计算系统，也必须耗散热量才能维持。物种的进化、生命的繁衍、市场的运行、社会分工的逐渐细化等，无一不是这种分布式计算的结果，也都需要耗散热量。

地球的温室效应其实和麦克斯韦妖计算机制大有关系。

注意麦克斯韦妖的机制是标度不变的（也就是没有尺度大小的限制，小到一个量子，大到整个地球都成立）。因此，自由市场当然可以理解成是一个分布式计算系统，每一次交易和投资行为都相当于一次计算。

比特币区块链类型的分布式计算的优势

为什么分布式的计算系统就比一个中心化的计算系统要有优势？假设我们所有的 N 个节点，它每秒钟都需要一个二选一的决策，如果不决策，每一个节点每秒都会产生 ln2 的熵增（量子非定域不确定性对应的最小香农熵）。如图 7-3 所示，这 N 个节点如果采用左边这样的中心化系统计算，每秒压缩的熵增就会是 Nln2。如果假设左边的中心是一个麦克斯韦妖，它每秒要压缩的西拉德计算盒子就得有 2^N 个，如果这个盒子的大小和原核细胞一样，也就是 10^{-6} 米，那么 N 只要大于 50，中心化的麦克斯韦妖就必须超光速压缩工作，才能保证这个系统的熵不持续增加，这超过了爱因斯坦相对论的极限。然而，图 7-3 右侧的分布式系统从来不会遇到这样的问题。

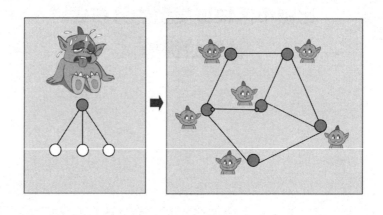

图 7-3　区块链从一个中心化计算系统（左边）过渡到分布式的
　　　　 计算（右边）

比特币区块链的挖矿系统显然就是这样一个分布式的麦克斯韦妖计算系统。每台"矿机"都是一个麦克斯韦妖，它们在为全网记账的同时，通过计算在天文数字般的随机数（二的上百次方）中找到那个正确解。虽然这个计算过程要耗散很多能量，但是计算出来的共识能在全球范围内支撑比特币的市值。

2013年年底，蒙张礼教授的引见，我拜访了王小云院士，专门请教比特币的"挖矿"算法和SHA256加密原理。王小云院士因为破解了SHA256前一代全球加密算法而誉满天下。

我记得那是一个暖冬风和日丽的下午。一见面,王小云院士也不客气,直接上课:SHA256是基于十六进位制的加密系统,也就是每一位上允许有十六个比特的不同信息,一般用十个阿拉伯数字和前六个英文字母表示——0,1,2,3,4,5,6,7,8,9,a,b,c,d,e,f。所以你要是看到这样一个十六进位的哈希值:Hash:00000000000000004cf3aa249551432fa84da4de05e9cfc3e6d95a5ce8bed5f7(这是比特币世界2014-02-08 03:06:30美国东部时间刚挖出的一个比特币区块对应的哈希值),不要觉得奇怪。

之所以叫SHA256,就是因为其哈希值有64位,每一位上有十六比特,也就是2^4种选择,这样完整的哈希值就能包含2^{256}个比特,这是个天文数字。中本聪把SHA256加密算法选为比特币的挖矿算法,是因为哈希值前面每增加一个零,寻找其解的难度就会增加2^4倍。任何一个六十四位的哈希值如ef537f25c895bfa782526529a9b63d97aa631564d5d789c2b765448c8635fb6c,要想找到其解都是没有固定算法的,只能靠计算机随机的hash碰撞,所以一台"矿机"每秒钟能做多少次hash碰撞,就是其"算力"的代表,其单位是hash/s,这就是所谓的工作量证明机制(Proof Of Work,POW)。

正是基于SHA256这种十六进位制的加密算法，所以中本聪在最早的比特币论文中写道：

工作量证明过程包括扫描SHA256的哈希数由多少个0开头，每增加一个0，平均工作量都会有指数级的增加，就是2^4，增加了多少个零，工作量就会增加多少个2^4乘在一起的倍数，这些将在解一个哈希数的过程中得到证明。

明白了这一点，我们从blockexplorer上查到00000000000000004cf3aa249551432fa84da4de05e9cfc3e6d95a5ce8bed5f7，这是比特币世界2014-02-08 03:06:30美国东部时间，刚挖出的一个比特币区块对应的哈希值，前面有16个零，也就是需要每秒2^{64}倍的工作量才能挖到这枚比特币（工作就是围绕比特币该区块记账权的竞争），这应该也是比特币当前全网算力的数量级。

我们再查一下blockchain.info上的全网算力：24,107,483.60 GH/s，意思是现在全网算力是每秒哈希撞击次数达到了24Peta的数量级。

比较一下理论值和实际算力的ln值，两者基本吻合。比特币系统就是靠在区块的哈希值前面加零来控制挖币的总量,不管全网算力如何增加,都能够通过在哈希值前面加零来保证每个区块目前都只能挖出 25 个比特币(到现在又经历了两次减半)。

比特币系统如此,大自然复杂系统的熵减又会选择哪种模式?显然也是分布式计算。

这跟我们的很多常识也是相符的。比如说,达尔文的进化论其实就体现了这样一种分布式计算。在达尔文以前,就连很多科学家都相信生命是靠一个神灵的中心化思维创造的。但达尔文到处搜集化石,仔细观察研究生命的演化踪迹,最后他意识到整个进化过程不外乎是按照"物竞天择,适者生存"的简单规则一代又一代递归演绎(计算)的结果,是靠地球这个系统分布式计算出来的。

后来顾学雍教授向我推荐了一本书《可能近似正确》(*Probably Approximately Correct*),作者是图灵奖的获得者莱斯利·瓦利安特(Leslie Valiant)。这本书讲了环境算法,一个环境允许不断的试错学习,但只要遵循类似于达尔文所说的那种适者生存的不断优化参数的算法,在环境中就能生存下去,从而得到一个更优化的结果,否则就会被淘汰。据一位哥伦比亚大学博士生告诉我,莱斯利·瓦利安特的环境算法是后来机器学习的基础。

后来我也了解到了蜂群算法和蚁群算法。以蚁群算法为例,蚂蚁不是靠什么蚁王去指挥的,蚁群没有中心化决策。如果一只侦查蚁在它的巢穴附近发现一只苹果,希望把苹果一点一点搬回家作为存储的食物,它当然要找一条最短的路径。最短路径问题对人类来讲也是高级别的数学难题,而蚂蚁靠一个算法就解决了。在这个算法中,每一只蚂蚁都遵循两条规则:第一,在走向食物的路上,留下一份信息素,让后面的蚂蚁能够识别;第二,每一只蚂蚁都大概率会选择信息素浓度较大的路径。

比如存在三条路径,中间那条最短,两边要长一些。蚂蚁一开始只能随机选择,三条路径都有蚂蚁走。但是最短的那条显然往返的时间最短,因此有更多蚂蚁往返的频率会最大。很快蚂蚁在这条路径上留下的信息素浓度就会比其他两条路径要更高一些。一旦信息素的浓度均衡被打破,就能驱动蚂蚁后来的走势,越来越多的蚂蚁将选择最短的路径。

金融领域量子实在观的层展和财富共识算法

我自 2013 年进入比特币区块链的领域后，就尤其关注量子实在观在宏观复杂系统的层展现象。所谓层展现象，是指纠缠相干的复杂系统虽然在不同层次显示出不同的规律，但其整体的熵并不因尺度（标度）的变化而发生很大的改变。比如经典的热力学系统就不是复杂系统，因为虽然在微观尺度上，这个系统由于大量原子无规则的热运动，复杂度很高，而在宏观尺度上，它却体现出很简单的确定性规律，只需要几个简单的物理概念如体积、压强、温度等就能确定地描述，所以经典热力学虽然产生了熵的革命性概念，却基本没能挑战牛顿力学的实在观。但后来科学家们发现实际上世界的大部分现象来自和经典热力学系统非常不同的复杂系统，比如人与社会，这些系统在微观尺度的熵可能比热力学系统的熵要小，但随着尺度的不断放大，却完全没有熵减现象：它们的复杂程度会收敛到一个相对的恒定值（也就是说，人体器官、人体本身、由人组成的社会和国家等，虽有不同的尺度,却拥有差不多大小的复杂度和信息),这才是复杂系统。

正是由于复杂系统具有熵的标度不变性(也就是从微观到宏观不同的尺度层次下都能保持和量子纠缠相关的熵大小基本不变),所以我们可以期待在宏观尺度也能观察到和量子纠缠相关的层展现象。

2016年3月,人工智能机器人AIphaGo战胜了围棋高手李世石,引起了相当大的轰动,也让我的一些研究理论物理的朋友在朋友圈展开了热烈的讨论。当时我说,人工智能的深度学习,实际上是符合重整化群变换下系统熵层展不变的复杂系统(所谓"深度",就是不同标度下的神经元系统层级在二十层左右),文小刚教授当时回复表示赞同,后来我们又讨论了这个问题。我在受邀给机械工业出版社出版的《重新定义智能》一书写序时总结了智能复杂系统熵层展收敛不变的思想。

2015年年底,上海对外经贸大学的张国锋教授向我推荐科普杂志《新发现》刊登的一篇文章,题目叫《量子思维》。我一看觉得挺有意思,文章介绍说一个研究小组做了很多心理学实验,科学地证明了人的思维运行具有量子力学的特点(非定域不确定多态叠加)。量子模型认为人们的观点处于不确定状态,常态是几种观点的叠加。人的心理活动符合量子震荡原理。

我自然联想到索罗斯的量子基金和他的量子实在观。虽然索罗斯本人肯定没有专业学习过量子力学,但是他的智慧让他提出了"反身性"这个概念。比如"下雨了"是一句客观描述,是否说出来对天是否下雨不会有影响。那什么叫反身性?比如你对一个女孩说"我爱你",表面上看这句话也是一句客观的描述,但是当你对一个姑娘表白后,她至少有可能会考虑接受你。如果她接受了你,就增加了你对她原本的爱意。所以感情其实也是双方相互关联、互相纠缠的过程。

索罗斯认为在金融市场做交易也是一样,参与者都不是孤立的个体,他们的思想也不是确定的,就在这样一种不确定的背景下,最后形成了价格。这种整体纠缠的关联作用就叫反身性。索罗斯靠这个理论赚了大钱,所以现在也有很多人重视它、研究它。金融市场的交易价格存在无数可能性(可模拟成量子多态叠加虚拟轨道),它们之间的关联大部分是看不见的(所以是虚拟的),但是它们能不能计算出来?还真有人把量子力学的路径积分方法套上去算,这就是所谓的"量子金融"。

量子力学的路径积分方法主要是由理查德·费曼创造的,他将其写在《量子力学路径积分》这本书中。这本书我读了很多遍，读起来如饮甘霖。费曼相比同时代的物理学家对量子力学的领悟和认识要深入得多。我们前面说到，量子实在观的本质，是认为这个世界整体性的关联是看不见的，因此费曼认为量子的运动一定有很多虚拟的轨道（看不见，但保存了量子整体性），这些虚拟的路径虽然看不见，但肯定是同时存在的。费曼天才般地想到发明一种新的数学方法，赋予这些虚拟轨道不同的相位权重后，将它们加起来，最后应该就能得到符合观测的结果——他居然成功了！

后来，学术界把这种方法称为费曼路径积分。到现在为止，我跟很多数学界的人士，包括清华大学数学系的前任系主任文志英教授探讨过，数学界普遍认为它到现在也不能称为一个严格的、符合数学形式逻辑的理论。但是，费曼的这套方法在物理学中极其有效，尤其量子场论，包括重整化群的应用（研究标度不变的层展现象），大量的基本粒子和凝聚态物理计算，都要靠他的这种办法完成。所以，每个理论物理专业的研究生现在都要学习他的理论。

很有意思的是，后来有不少人把费曼的路径积分理论搬到金融市场中来了。

根据索罗斯的理论，整个金融市场价格的形成符合反身性原理，有很多内在虚拟的过程，很多关联是看不见的。就像诺贝尔经济学奖得主科斯所说的那样："市场经济建立在两个深厚的认知基础上——承认无知和包容不确定性。"真正完美的金融市场是可以像量子力学那样计算这种不确定性的，所以他们就把路径积分用上了，它们将所有价格可能形成的虚拟轨道加起来，计算证券未来价格的可能概率，获得了很多成功。这些努力据说后来引领了芝加哥期货市场的大繁荣。

2019年年中，我在麻省理工学院遇上了正好回母校交流访问的顾学雍教授，我们在肯德尔广场的一家星巴克进行了一番讨论。我说自由市场其实也是一个麦克斯韦妖的分布式计算系统，每次交易等同于一次麦克斯韦妖计算（不管是购物还是投资，实际上都是对标的物空间的压缩）。顾学雍教授表示同意，后来我们商量联合写一篇论文，初衷是想证明市场中的麦克斯韦妖决策机制等效于图灵计算。

当时，我们就探讨到这本书的核心问题——财富共识是怎么达成的？财富不是物，而是全球信用共识，而共识显然是一种低熵状态，否则的话，你碰到的每一个交易人都不确定可不可信，交易是很难完成的。所以自由市场要有充分的信用共识，才能顺畅运行，我们就是想计算这个共识是如何产生的,产生的规律是什么?

按照哈耶克的理论,一个有效的自由市场要能给大家带来足够的财富共识。早期黄金的共识算法的逻辑也很简单,首先黄金作为自然资源天然具有稀缺性;其次它是物理存在,这决定了它可以私有化;再次它的化学性质稳定,在古代又应该是最容易切割的金属;然后它本身是分布式存储的;最后也是最重要的一点,开采黄金需要工作量。注意,黄金的共识算法几乎被比特币的区块链计算系统完全继承了下来,而且现在运行得非常有效。

由于光靠黄金这种稀缺自然资源给市场提供信用,在工业革命之后显然不够,因此银行诞生了。银行最基本的责任就是要产生更多的共识资源。银行信用货币的算法,我们也能总结出来:首先需要信用评估,然后借贷发币。但在算法运行的过程中,经常需要以房地产或其他证券质押。借出去的钱投入市场系统,生产、交易、产生利润,最后按期还款,这套算法才能圆满完成。银行就是靠自由市场这种不断的交易迭代计算,给市场提供越来越多的信用资源,这也是整个现代社会经济所不可或缺的基础共识算法。但是注意,传统银行的这种共识算法基本上只能为大企业服务,因为这个算法中的核心概念"征信",基本上只能建立在经济体量的基础之上,因为银行没有大数据,无法像量子实在观所要求的那样刻画经济系统的细微关联，所以银行很难为中小企业服务，同时银行也很难围绕个人账户达成新的财富共识。但就像我们前边所介绍的那样，现在有许多高新技术企业用大数据弥补了传统银行财富共识算法的不足，他们自称是数字经济时代的金融"毛细血管"（意思是能将信用资源供给到传统银行供给不到的市场底层），这是恰如其分的，他们开创了大数据财富共识算法的新时代。

根据第 2 章的论述，证券市场显然也能达成新的财富共识，靠的是一套什么算法？首先要私有化权证，解决所有权问题；然后股票的逻辑是锚定未来的利润收益，也就是未来的现金流。市场会评估企业的未来发展空间，大量交易人作为系统的麦克斯韦妖在不断地测量和决策（在很多投资项目中做选择和压缩），他们的分布式计算决定了市场的牛熊更迭和财富共识的状况。在这些投资人（麦克斯韦妖）的眼中，哪怕有些产品现在利润很好，但是大家评估它未来的发展空间有限，就不会在证券市场上形成很高的价值共识。对未来发展空间的评估是算法中很重要的一环，而所谓未来发展空间，实际上是大量投资人的思维认知纠缠，这就是为什么量子力学的路径积分可以派上用场。

房地产市场与证券市场很类似,只不过需要评估的是一个城市的前景,价格锚定的是城市未来的发展。城市的发展前景越好,房地产的财富共识就越容易达成,房价就涨。我们就不多讨论了。

了解了市场中财富共识形成的算法本质,我们就可以尝试建模计算了。

金融市场中的财富共识怎样计算

顾学雍教授在和我合作的过程中,向我推荐了控制论创始人维纳的著作《控制论》。维纳在其中阐述了一个特别让我眼前一亮的观点:熵增原理,实际上就是能量信息序降低等级的过程。我马上理解了他的含义,因为我早有这个模糊的概念,但是维纳教授解释得透彻明白:信息和能量的关系,实际上就是信息能够为能量按序分级。信息熵越大,能量的有序级别越低,信息熵标度收敛的复杂系统的能量有序级别高。维纳实际上是这样表述熵增原理的:对于一个孤立系统,最终系统能量将降序为热能。所以我们一下子就能理解,作为含熵量最大的热能,是有序级别最低的能量,而生命所需要的能量,一般来说是有序级别最高的能量(比如食物中的生物能)。一般生命个体就算再饿,只通过烤火也不可能延续生命。但反过来生物燃料(如玉米油),可以让发动机转动推动飞机起飞(自然熵增是单向的,高序熵可以代替低序熵燃烧,但是低序熵能量不能代替高序熵在生物细胞内做功)。麦克斯韦妖的计算就是让能量的信息序升级,代价则是向环境耗散低序熵的热量。而自由市场的财富共识也遵循这样一个计算原理，共识是信息序最高级的资源，需要靠很多次耗费高序熵能量的交易计算才能获取。

顾学雍教授在和我合写那篇文章的时候，我们假设，自由市场是由很多麦克斯韦妖构成的分布式计算机（交易人不断决策、计算）。如果麦克斯韦妖的计算可以找到跟图灵机运算的对应关系，甚至把麦克斯韦妖当作组成计算机所需的唯一类型的逻辑元件，将每次麦克斯韦妖测量筛选运动粒子的决策对应于金融市场的一次交易决策，就可以建立一种从物理学能量信息序升级规律到市场交易行为的对应关系。如果金融市场的交易模式和交易行动的规则可以根据基础的热力学规律来建构，就能发现评估交易的获利可行性的方法。

在几年的合作中，顾学雍教授找到了一条重要的线索：吉布斯自由能公式的应用。我们认为吉布斯自由能公式描述了麦克斯韦妖能量升序和耗散的关系，并且可以映射到两个万用逻辑元件（Universal Component）的状态组合空间，所以可以用麦克斯韦妖组成不同的计算单元，从而表达自由市场交易的群集计算并建模处理财富共识。

吉布斯自由能的公式是这样的：$\Delta G = \Delta H - T\Delta S$。这个公式的含义是：ΔG 代表化学反应中产生的自由能，也就是能推动其他化学反应的高序能量，对应于麦克斯韦妖过程，就是它最终产生的知识（见图 7-2 中麦克斯韦妖通过耗散热量做功计算出最终态：量子只处于 A 部分的"知识"），可以对外做功（这在我们生活中也是常识，如果一个盒子中一半有分子，另一半是真空的话，那盒中的分子就有能力对外膨胀做功）。费曼甚至在他的物理学讲义中，具体根据这种现象设计了一款"信息汽车"，就是靠计算结果即"知识"就能开动的汽车，其实这并不是什么异想天开的概念，某种意义上我们普通汽车燃烧的汽油，也是地球这个环境计算系统经过数百万年的计算积累的"知识"。培根曾说过"知识就是力量"，现在这句话有了麦克斯韦妖的计算表述："知识就是自由能"。顾学雍和我讨论后，认为这个自由能 ΔG 应该对应金融市场达成的财富共识（效益和利润）。

公式中的 ΔH 代表系统的吸热（不计外力做功的情况下），顾学雍教授认为它可以类比为金融市场的资金流入。T 代表系统的温度，顾学雍教授认为它可以类比为金融市场的交易热度（交易频度），ΔS 代表系统熵增，是系统的能量配置的自由度/混乱复杂程度（可以代表金融市场中越来越多的投资项目和标的物）。

本来，在一个没有麦克斯韦妖计算的系统中，系统吸热天然会带来熵增（流入的资金越多，自然会让更多的项目进来融资），自由能不会自动增加。但是如果系统中存在大量的麦克斯韦妖（聪明的投资人），情况就不一样了。

顾学雍教授和我讨论后认为，在开始解释麦克斯韦妖如何能实现计算功能之前，先要了解逻辑闸门的万用性与图灵完备的联系。图灵完备来自逻辑闸门的万用性，这是一个基础而具有实用价值的数理哲学概念。图灵指出：具备任意复杂程度的计算程序，都可以通过万用逻辑元件（Universal Component）的组合搭建。在布尔代数的双值逻辑（Binary Valued Logic）中，所有十六个二输入一输出的逻辑闸门里只有六个逻辑闸门可以当作万用逻辑闸门。以下真值表（表7－1）以 A 和 B 来代表第一个与第二个输入变量，从第三列开始，共有六种函数，表中列出了所有的输出状态组合。（"T"代表 True，而"F"代表 False。）

表 7－1 六种万用逻辑闸门

A	B	Not (A and B)	Not (A or B)	A and Not (B)	B and Not (A)	A or Not (B)	Not (A) or B
F	F	T	T	F	F	T	T
F	T	T	F	F	T	F	T
T	F	T	F	T	F	T	F
T	T	F	F	F	F	T	T

吉布斯自由能公式（$\Delta G = \Delta H - T\Delta S$）与双值逻辑闸门的关系，可以通过表 7-2 来理解，吉布斯自由能公式暗示了如何用临界温度 T 决定系统自由能 G 的正负，即"自发性行为"（spontaneous action）。这个概念可以被解释为财富共识是否产生的确定性。

表 7-2　自由能公式与双值逻辑门的关系

ΔH	ΔS	ΔG	T	自发性 （正负值的确定性）	ΔH &~ΔS	ΔH |~ΔS
−	−	−/+	温度决定ΔG的正/负	临界温度以上保证ΔG为+	−	+
−	+	−	任何温度	自发（任何温度ΔG均为−）		
+	−	+	任何温度	自发（任何温度ΔG均为+）	+	+
+	+	−/+	温度决定ΔG的负/正	临界温度以下保证ΔG为+	−	+

这个表格中的正（+）值可对应于双值逻辑状态的真值（True 或"T"），而其负值可对应于双值逻辑状态的否（伪）值（False 或"F"）。那么，在六个不同的二输入一输出的万用逻辑闸门中，有两个逻辑闸门符合这种正负符号的组合可能性：ΔH |~ΔS 和 ΔH &~ΔS。在此，"| , & , ~"等符号依次代表逻辑算符"or, and, not"，而 ΔH 与 ΔS 可对应于输入逻辑变量 A 与 B，所以在麦克斯韦妖管辖的能量时空范畴下，有 A or Not（B）与 A and Not（B）等两种状态可以作为万用逻辑闸门。这种正负符号状态的因果联系，描述了群集麦克

斯韦妖计算的熵增流向（正负值）的状态组合空间。所以，独立的麦克斯韦妖可以被个别地调适为特定的万用逻辑闸门，多个麦克斯韦妖可以根据其万用逻辑闸门的特性，被组合为图灵完备的分布式计算机。具备图灵完备计算能力的系统，在无时空资源限制的前提下，该系统的行为具备可编程性，也就是能被当作一台通用的计算机，可以编写任何计算程序，并严格实现程序逻辑规范。换言之，如果麦克斯韦妖对应于金融市场中的交易员，原本看似充满不确定性的市场交易行为，可以根据每一个麦克斯韦妖的输入和运行条件，在吉布斯自由能的热力学原理的指导下，排除系统的随机性（也就是根据吉布斯自由能的自发性）预测金融市场的牛熊趋势（ΔG 的正/负值）和产生财富共识的状态。

按照这样的观点，每一位交易者对市场的贡献就绝不仅仅是某笔交易是否盈利，而是根据市场整体的情况（量子整体实在观）去维护市场财富共识自由能 ΔG 保持为正，这方面 DeFi 正在进行各种有益的尝试。

具体的调适群集麦克斯韦妖的方法如下：将金融市场 ΔH、ΔS 的正负值当作一个逻辑闸门的两个逻辑输入变量，ΔG（自由能即财富共识）的正负值当作该闸门的输出变量，这个三输入与一输出的闸门，可以通过侦测系统运行的温度，将群集麦克斯韦妖行为（是否能够通过投资降低市场的熵）当作一个特定的逻辑闸门，例如 A and Not B 或 A or Not B。换言之，根据吉布斯自由能公式，所有热力交换系统均可根据对温度，吸/放热之量，熵的增减，从而计算该系统整体自由能（财富共识）的增减。如果用金融市场的语言，我们可以通过吉布斯自由能的公式，计算整个市场的牛熊。请注意，这个计算的过程，将基于 ΔG、ΔH、ΔS 的正负状态和温度的区间关系决定正负值，而不仅专注于这些数量的绝对数值。这种计算方法，我们称之为区间算数法（Interval Arithmetic），在针对类似市场交易环境这类开放性系统的控制与协调过程中，把数据转化为简单的获利与否的状态，可以减少决策认知和计算过程的复杂度。最直接的应用，是通过对数据的简化来快速地决定市场是否会达成新的财富共识。

顾学雍教授将吉布斯自由能公式引入金融投资市场，这为理解每个投资人的麦克斯韦妖计算行为开启了新的大门。让我们首次懂得了：每次投资行为是否获益（ΔG 是否为正），绝不仅仅决定于投资人个人的思考决策，它由环境的资金情况、市场项目的信息情况（熵），以及市场的交易热度 T 决定。通过万用图灵机逻辑门的规律，我们有可能找到市场计算财富共识的通用方法。

顾学雍教授进一步提出，通过吉布斯自由能的公式来论证麦克斯韦妖这种热力系统，具有以下分析复杂系统现象的技术性优势：

（1）聚焦本质性的决策参数。由于所有物理尺度的系统，均可被视为某种能量交换系统，而吉布斯自由能公式与麦克斯韦妖的适用范围也没有任何物理尺度（标度）的限制，其规律适用范围很广，上至大规模的发电厂，小至单一量子的运动，所以此规律也可运用到金融市场的投资策略的选择上。特别是对应该关注哪些相关的系统指标提出了关键性的指导原则。系统运行的环境温度 T（市场活跃程度），吸/放热总量 ΔH（新注入/流出的资金量），系统熵的变化 ΔS（市场融资项目和投资人的增减变化，也就是账户数量和投资标的物的变化），这三个关键指标，提纲挈领地指出了决定系统自由能产生（财富共识形成）的关键因素，表明了三者间此消彼长的关系，并可根据自由能公式定义市场熊牛转换的获利临界点。

（2）适应大数据产业所创造的新决策环境。大数据产业正逐渐深入生活与环境的每一个角落，吉布斯自由能公式将可通过数值计算的物理量转译为基于区间和符号的逻辑真值状态。这种计算方式可以简化对系统的能量平衡状态（金融市场的获利状态）的理解，为系统控制、资源布局、提高投资策略的逻辑性提供了很多操作上的便利。

（3）穿越物理与信息系统的理论边界。通过对系统的逻辑状态的分析，复杂的能源配置或是资金池的划分，将吉布斯自由能公式的正负值状态转换为逻辑真伪值（T/F），可以把金融市场的获利状态，或任何系统产生财富共识（ΔG）的状态，简化为以逻辑闸门为单元的抽象符号系统，让资金能量流向（也就是资源配置）的过程可通过现有的逻辑闸门/电路设计的方法和工具来分析，就好比当年香农将逻辑电路的设计简化为布尔代数的运算方法，从而引领了全世界持续至今的数字化革命。

换言之，将麦克斯韦妖当作计算单元，配合吉布斯自由能原理关于能量流向（财富共识产生）的分类法以及万用逻辑闸门的性质，能产生一个可以用来指导决策系统设计的原创性构想。

我和顾学雍教授经过多次讨论，终于相对明确了吉布斯自由能公式在金融市场牛熊计算过程中的含义。在一个牛市持续的过程中，由于市场中大部分聪明的投资人都能进行有效的投资（计算），可以用有限而且确定的逻辑符号系统，表达麦克斯韦妖对能量资源信息升级的控制机制。这个机制的理解，可以运用在对金融投资项目的状态分析，同时提出在金融市场的熵增的表达方式（参见图7-3），这样可以利用吉布斯自由能公式 $\Delta G = \Delta H - T\Delta S$ 算出，金融市场的自由能 G 在增加，也就是金融市场在这个阶段会不断形成新的财富共识，不断产生利润和效益，这种市场信号无疑会吸引大量的资金流入（ΔH 为正而且持续增加）。这个阶段，哪怕市场中聪明的投资人计算并不充分，市场还是能持续确保财富共识的创造即 ΔG 为正，这就是所谓"牛市博傻"的阶段。但是当市场越来越热，交易频率 T 持续升高，进来融资的项目越来越多，ΔS 作为系统的熵增持续变大，聪明的投资人开始不够用了。这总会到一个临界点，投资人的麦克斯韦妖机制无法让 $T\Delta S$ 能始终保持在小于流入资金 ΔH 的水平，金融市场的 ΔG 也就是财富共识的创造就会开始趋于零甚至变成负值。这时金融市场就开始进入负反馈螺旋，注入的资金开始减少，甚至资金开始逃离市场：ΔH 本身也变成了负值，市场就转入了熊市，交易热度 T 开始显著下降，但系统的熵 ΔS 却可能持续增加，ΔG 变成正数就显得遥遥无期。

我们相信，正确理解了金融市场的麦克斯韦妖分布式计算的本质，就能正确地理解其创造财富共识的原理和机制，进而为正确投资决策的制定和财富共识的产生提供重要的计算工具和方法。

后　记

数字经济 2.0 的黎明

"数字经济"这个概念，应该是源于 20 世纪 90 年代中叶出版的两本影响很大的书：尼古拉·尼葛洛庞帝的《数字化生存》和唐·塔普斯科特的《数字经济》。两位大师的世纪之光，让我们看到了二十年来"数字经济"从无到有，从显微到洪泛，从当初抽象的理论概念到如今影响到我们生活方方面面的时代特征。这期间，想说透"数字经济"的理论文献汗牛充栋，有说"平台经济"的，有说"智能经济"的，有说"意愿经济"的。但在我看来，真正窥其堂奥者，是朱嘉明老师。

朱嘉明老师在 2019 年 11 月 30 日于华南理工大学举办的"量子信息与区块链技术广州论坛"上画龙点睛："数字经济的时代不过是量子经济时代最早的一个比较初级的形态。"

这句话信息量极大，我与朱嘉明老师在深圳、北京、珠海多次请教切磋后，方才胸有蓝图。

按照朱嘉明老师的逻辑，在解释什么是"数字经济"前，必须先有一个"量子经济时代"的概念。据我所知，他多半是世界上第一个如是说的人，这在学术上挺冒险，但是既然世界上也还没人说得清数字经济，不妨另辟蹊径，大胆一试。

幸亏我在清华大学断断续续和导师张礼先生学习了将近三十年的《量子力学前沿问题》，也对这个问题极感兴趣，算是有资格参与一下讨论。

在我看来，朱嘉明老师提出的"量子时代"概念之所以成立，核心在于这个世界正需要一个新的本体论，需要一次思维的范式革命，而"量子力学"经过百年淬炼，正好提供了这样一个建立在严密科学规范基础上的逻辑语义体系。

量子本体论是什么，本书已有详解。殿村教授苦心孤诣设计实施的单电子双缝干涉实验已让我们不得不接受一个新的世界观、一种新的本体论，但它并不怪异，也不是刚刚诞生。类似的哲学探讨和科学实验早已有之，但互联网时代井喷般涌现的大数据，越来越彰显了一个事实：这个世界必须用量子科学来描述。

尼葛洛庞帝多年前写《数字化生存》时，多半没想到，虽然描画

后记 数字经济 2.0 的黎明

我们生活中方方面面的数据确实如他预言的那样在互联网上不断涌现，但最后呈展给我们的却绝对不是我们原来"现实世界"的一个所见即所得的镜像。唐·塔普斯科特当年写《数字经济》的时候，也多半没有预料到：互联网上的经济生态绝非传统经济的照搬仿盘。现在，"大数据"已经成为我们的经济生活中无法或缺的"生产要素"，但这一切背后对整个世界认知范式的革命性转变，却还很少有人注意到。

在这样一个背景下，我们才能理解朱嘉明教师提出的"量子时代"的真正奥义。在这样一个背景下，我们讨论所谓"数字经济"的概念才不至于沦为盲人摸象。

"数字经济"概念下的现象内容林林总总，但本书只讨论新的"财富共识"。

在"量子时代"，一个新的宇宙实在观能带来新的财富共识吗？实际上已经带来了。

按照牛顿力学小数据实在观，一切都是确定的、"眼见为实"的。所以人类早期的财富共识，无疑都锚定在稀有的自然资源上。本书已经详述，这样的财富共识在工业革命的生产大爆炸年代显然不够用了，于是银行出现在了舞台上，推出了"借贷发币"这样新的财富共识算法，但银行显然并没有改变对世界的传统认知。再往后就是阿里巴巴这样大互联网平台出场了，它们是真正的革命者，它们发现积累在它们平台上的大数据实际上可以支持新的财富共识算法，朱嘉明老师所说的数字经济，其实就是通过大数据建构在新的本体论基础上的（虽然除了高红冰先生几乎无人关注这一点）。

但是为什么朱嘉明老师又说：现在的数字经济"不过是量子经济时代最早的一个比较初级的形态"呢？其实在本书详述的产生财富共识的七大原则中，第一原则就是"资产确权私有"原则，而现在互联网大平台搞的几乎都是"大数据公社"，它们的"数字经济"说白了还处在"大炼钢铁"阶段。

我别无他法，只好生造出一个"数字经济1.0"的概念。

2020年年底，我受邀去江西抚州，向当地领导汇报了我们关于开发区块链上的信用预言机的计划，打通链上链下数据，利用亦来云的技术保护每一个用户的数据权益，发展未来去中心化的平台。我的设想非常受当地领导的认可，坐在我身边的武汉大学博士朱仁平说："这是发展有明晰数据产权的数字经济啊！"一语让我茅塞顿开：这才是数字经济2.0！

第二天，当地领导带领我们参观他们的基地，我才得知全球最大的以太坊超算中心居然就在抚州，超十万台服务器昼夜不停地轰鸣运行，楼盖得不比陆家嘴的规模小，据说他们还要建设未来全球最大的Filecoin超算中心。

我很快明白了其中的含义，这些将来都是未来全球数字经济2.0的基础设施。

抚州，以前甚至我都并未确切地知道它在江西。在当地朋友的推荐下，我花了近两个小时走完了抚州名人园：王安石、曾巩、汤显祖……这些原先只在课本中被我们顶礼膜拜的人物居然都是从这个人杰地灵的地方走出来的。我心中不禁跳出了一个在这个园子中不会出现的名字：小岗村。因为我开始相信：中国经济发展的下一个黄金时期，也许就在这里拉开了大幕！

韩　锋

2021年2月18日于西安

跋

量子时代和数字经济 2.0

《区块链国富论》将可信数据技术与国家的富足与否结合为一个主题,本书的洞见,在于其凸显了当下经济活动的革命性发展源于三个知识领域的交互融合。这三个知识领域分别是:分布式数据处理技术、量子物理的辨证体系,以及金融产业发展的治理规则。通过此书的案例和论证,读者应该能发现这三个知识领域的共性,换言之,数据、量子与(金融)价值度量单位这三个让人望而生畏的名词,本质上是同一回事。通过区块链技术,规模化处理数据/信息的可靠性改变了当代社会组织掌控物理现象的能力与运营经济活动的方式,所以对财富的理解必然发生本质性的改变。要理解这种改变,不能只从现象出发,所以必须引用量子力学和经济学中价值度量的方法论(Econometrics)等知识。只有通过复盘计算科学、金融史与量子物理的本源性的思辨方法,才能减少价值度量过程中的谬误。本书通过通俗易懂的文字叙述,特别是韩锋本人在数据经济领域经历的轶事,透露了他如何在这个财富高速转移的时代,通过对金融史与量子物理学的综合研究,剖析这个充满了机会的新世界。

"区块链"可能是人类史上少数被各国政要和各大金融企业主管在会议和公开文件中频繁引用的数据结构专有名词。这个名词源于一篇在网上以"Satoshi Nakamoto"（译为"中本聪"）署名的文章。这篇文章不但描述了区块链的数据结构，也说明"区块链"数据结构可以在互不相识的数据交换者之间建立数据内容的"共识"。关于区块链的书籍和通俗解说已经有很多，但只有少数文章明确指出区块链是一种通过时间戳与算力保证，赋予数据"物理意义"的内容治理技术。这也是韩锋等人为何要在本书中耗费大量篇幅介绍量子物理学的理由。

借助分布多地、相互同步的交易数据记录，以及用加密算法对数据内容的先后建立时间链条的设计，区块链是人类史上第一个公众化的、具备非中心化共识的数字化时钟。因为有了多地记账（跨越空间）的共识，所以可信账本的数据成了传递价值的客观证据。依照数据区块（Data Block）的随机交易内容，将交易者之间"自由"交换资产的行为数据作为数据来源的见证，再根据时间链条的顺序，通过加密算法保证内容的一致性。在短短几页间，中本聪把金融交易、时间服务器、工作证明（Proof of Work）、网络传输、复式记账等多个科学与社会治理规律的精华，都交代得滴水不漏。在文章的最后，中本聪引用了三篇时间戳加密技术方面的论文。其中第一篇就是戴伟的b-money网页。而戴伟所撰写的内容，不仅提出了数字化金融交易的技术协议，还指出了数字化经济体系根据密码学技术的治理规则和策略。类似于区块链的超越时空的数据辨证方法，不仅使用了物理学家与经济学家常用的数理逻辑工具，更展现了一种贯穿时空本质的思想。人们之所以能理解时空场景中的现象，是因为人们能接受该时空场景中数据内容规律的一致性。换言之，区块链提供了一套可规模化的数据管理技术，这种技术不仅有助于金融产业和社会治理的进步，对辩证的科学思想本身也有实质性影响。因为数据和逻辑结构的一致性不再需要依赖人脑的判断，而是可以依赖密码学与计算资源来度量。所以，财富和价值的定位，必然与从罗素开始倡导的社会合约，即一切"以人为本"的运作方式有所出入。

为了介绍区块链技术所推动的思潮，本书作者们不得不在书中解释量子物理学的各种基本概念。读者们在阅读这些看似不相干的内容之前，可以先考虑一下这两者之间的互补关系。量子物理的前身是统计力学，是普朗克与麦克斯韦等人根据热力学现象及相关数据归纳出来的一些关于物理世界的结论。例如，量子力学中的"量子叠加"概念，其实就是一种对"多种可能性"数据内容的"叠加"。换言之，"叠加"可以理解为对时间（不同次数）数据的总结性描述。而"量子纠缠"，是同一个量子系统分布在不同空间位置的高因果相关性，这种高因果相关性可以理解为对空间的总结性描述。这些总结性描述，可以通过统计或概率论的形式语言，压缩成为更简单的数据表达形式。也就是说，一套能自圆其说的数据编码体系，是建立科学论证方法的前提。而区块链账本的可信度，就是将分散各地并且经年累月的账本数据，通过网络技术与加密算法，建立一个超越时空的数据整体记录。这种经得起非中心化检验的数据观测系统可应用在很多领域，除金融领域外，其实物流管理、专利认证、医疗数据的保密和确权等都会产生革命性的范式转移。严格地说，区块链并不只是一种"金融技术"的革命，更是一种数据管理方式的革命。套用史学家黄仁宇的说法，数据管理能力的高低，限制了财富治理能力，甚至决定了辩证科学知识的基本能力。

区块链提出了一个根据分布式计算架构论证数据一致性的共识技术，是一种信息基础设施。虽然其原始设计针对点对点的金融转账功能，但这种技术的应用不会停留在金融交易的层面。韩锋在书中所强调的财富共识原则，本质上包含并超越了传统的交易性的、占有性的财富定义。书中提出了财富价值的七大原则，提出了数字货币和国际金融政策的走向，还提到了如Filecoin、WEB3.0等围绕"数据即资产"的信息基础设施。这些基础设施的财富价值必须根据数据处理、数据传输等具体工程的性能参数来评断。这些具体工程的性能参数必然是随时间和地点的变化而浮动的。所以这类基础设施的价值判断，也必须仰赖类似于区块链的数据内容共识手段来论证。

在人工智能与物联网高度融合的时代，计算与决策辩证是同义词，很多以前需要人力完成的工作，包括投资规划与自动驾驶，可以通过计算服务来规模化地自动完成。而在区块链技术普及后的世界，数据内容的辩证、资产价值的判断，甚至包括科学理论的论证，都应当依赖基于可信数据和分布式共识的自动化决策辅助系统。人脑的运算功能，在区块链普及后的世界，将会以非常不同的角色参与决策过程。如今，数据基础设施比较健全的组织，已经展现了其在生产力与规模化运营方面的卓越能力。

本书从第 5 章开始提到了国外加密数字货币系统的长期战略，如 Libra 这类加密数字货币系统的潜台词，其实就是让数据成为可交易的资产。这类新型加密数字货币系统必然加速根据数据传输与处理的基础设施判别财富转移机会的决策模式。但是，这些新品种的"加密数字货币"，应该被理解为数据交易的度量衡，而不是资产本身。而了解财富度量衡的知识，才是本书最值得仔细品味的点。

本书在最后几章以量子物理学和热力学的技术语言体系，提出了区块链时代的财富度量衡。区块链时代的资产见证物是通过网络化数据传输与判定所产生的可信数据。想要了解数据可信度的度量衡，甚至了解数据在物理世界被规模化地运用的手段，就必须回到量子物理学，甚至回溯量子物理学的起源——统计力学。在区块链成为建立可信数据源的范本之前，统计力学的研究主题是通过观测物理现象的度量数据，归纳物理现象的规律，数据本体不是研究的本体，但在数据资产的财富治理过程中，数据本体的度量衡就自然地宾主易位，成为研究关注的主题。所以，本书最后针对性地提出了估算数据可信度的理论来源。并且提出了这种理论在数据资产治理中运用的可能性。简而言之，数据财富增减的状态，可以借用吉布斯自由能公式（$\Delta G = \Delta H - T\Delta S$），决定系统是否有可支配能量的客观条件。而客观条件的判断，是根据"熵"的差值正负（$\Delta S > 0$ 或 $\Delta S < 0$），以及外部能量的输入（ΔH）流向决定的㊀。这种利用可度量数值的正负差值（资源流向也可用正负号表示）来决定的数据资产价值增减策略，是本书结合计算科学与物理学的基础知识，开发数据资产的价值度量方法的一个起点。

在讨论财富度量方法的过程中，《账户》的作者周子衡，曾在微信上给我发了这么几句振聋发聩的文字：

㊀ "T"代表温度，根据热力学第三定律，绝对温度只有大于零的数值。

拥有更多的手表，不等于拥有更多的时间，
拥有更多的货币，等不等于拥有更多财富？

　　从数据科学的角度来看，采集多个独立运行的手表的数据，有可能筛选出有故障的手表，从而能通过对时间数据的差异性比较，持续获得有效的时间度量数据。所以仅仅拥有多个手表，不会拥有更多的时间，但是知道如何比较多个手表的时间数据差异，可以获得不同质量的度量结果。仅是拥有更多的货币，但是没有因时因地评估货币交易价值的计算能力，也不会拥有更多财富，反而可能成为被"割韭菜"的对象。所以，自古至今，天南海北，组织数据和处理数据的能力，才是财富和权力的根本。区块链的出现提供了一种规模化组织与处理数据的范式，而本书提出了在区块链出现后直接把可信数据当作产权交割依据的财富治理理念。本书借由自然科学与计算科学的辩证思路，结合了麦克斯韦妖的思想实验和吉布斯自由能的参数结构，指出了一套判断数据资产价值的决策计量方法。有心的读者们可以通过这些研究的线索，找到估算数据资产价值的基础度量衡。只有掌握了数据资产与价值度量之间的不可分割性，才能精炼地使用计算科学和技术的语言，制定区块链时代的财富治理策略。

顾学雍

2021 年 2 月 18 日于巴厘岛